Come Estinguere Il Vostro Mutuo In 6 O 8 Anni:

Tecniche Di Gestione Della Ricchezza Che Vi Faranno Risparmiare Migliaia Di Euro

di

Joe Correa

COPYRIGHT

RINGRAZIAMENTI

Questo libro è dedicato a tutte quelle persone nel mondo che devono soldi a qualcuno e vogliono uscire dai debiti. Spero che utilizzerete le idee di questo libro per eliminare i debiti ed iniziare a vivere liberi dal punto di vista finanziario.

Molte persone non si rendono conto di vivere in uno stato di schiavitù finanziaria, finché non è troppo tardi. E' mio desiderio porre fine alla schiavitù finanziaria nel mondo rendendo la gente maggiormente consapevole sull'uso del denaro, fornendo gli strumenti per costruirsi un futuro migliore.

Come Estinguere Il Vostro Mutuo In 6 O 8 Anni:

Tecniche Di Gestione Della Ricchezza Che Vi Faranno Risparmiare Migliaia Di Euro

di

Joe Correa

INTRODUZIONE

Come Estinguere Il Vostro Mutuo In 6 O 8 Anni: Tecniche Di Gestione Della Ricchezza Che Vi Faranno Risparmiare Migliaia Di Euro

Di Joe Correa

Volete estinguere il vostro mutuo ed uscire dai debiti?

Questo libro presenta la soluzione. E' pieno di idee utili e di esempi su come altri sono riusciti ad eliminare i loro debiti in pochi anni. Imparerete a minimizzare le spese e a pianificare la vostra strategia di pagamento in maniera pratica e organizzata.

Che soluzione offrono le banche?

La maggior parte delle banche semplicemente vi chiedono di pagare regolarmente ogni mese per i prossimi 30 anni. Si, alla fine pagherete il vostro mutuo, ma c'è un sistema migliore. Un modo più veloce e facile che richiede una semplice pianificazione di tutto ciò che deve essere fatto.

Avete un mutuo a 30 anni?

Avete un debito su carta di credito?

Pagate polizze assicurative e tasse sugli immobili?

Se avete risposto "sì" ad qualcuna di queste domande, potete seriamente abbassare il vostro debito ed il tempo necessario per estinguerlo. Se avete risposto "no", ci sono anche altre opzioni spiegate in dettaglio.

La maggior parte dei libri vi offre idee generali su ciò che dovete fare per eliminare i vostri debiti, ma questo libro ve lo mostra con esempi e soluzioni concrete.

Vedrete come ammortizzare i pagamenti, l'andamento degli interessi rispetto ai pagamenti e quanti interessi pagherete per tutta la durata del prestito nelle diverse soluzioni.

Perché è importante estinguere il vostro mutuo?

Avere un mutuo a 30 anni può essere una benedizione ed una preoccupazione allo stesso tempo. La maggior parte delle persone finanzia la loro prima casa più o meno quando si trova sulla trentina il che significa che finiranno di pagare il loro debito quando saranno sui sessant'anni, se non più tardi. Quando finalmente lo estinguerete, avrete eliminato uno dei vostri pagamenti mensili più grandi e ora potrete iniziare a risparmiare molto di più. Ma che succede? Avrete raggiunto o vi starete avvicinando all'età del pensionamento e dunque cosa accadrà al vostro reddito? Per alcuni, rimarrà lo stesso, per altri diminuirà leggermente e per molti, scomparirà e dovrete sopravvivere per lungo tempo con la semplice pensione. Avere meno spese prima vorrà dire un maggiore risparmio negli anni a venire ed avere meno pagamenti da fare ridurrà l'onere finanziario quando si sarà in pensione.

Avviare azioni proattive verso l'estinzione anticipata del mutuo cambierà la vostra vita. Vi permetterà di liberare il tempo per fare quello che vorrete veramente fare e lavorare meno.

Estinguete il vostro mutuo e comincerete a vivere la vita che avete sempre desiderato! Andare in vacanza, passare del tempo con i propri cari, oppure avviare una nuova attività.

SULL'AUTORE

Per molti anni ho aiutato persone a finanziare le loro case o a diminuire i loro pagamenti. Ho lavorato per diverse banche, finanziatori ed una grande ditta di consulenza finanziaria. Ho iniziato come professore di matematica presso il Miami-Dade Community College insegnando, all'età di 23 anni, tutte le materie scientifiche che mi si chiedeva di insegnare, cosa in un certo senso terribile per molti dei miei studenti, in quanto molti di loro avevano la mia età o qualche anno in più, ma la mia abilità nell'insegnare agli altri e di padroneggiare la matematica mi hanno aiutato a rendere facili certi argomenti difficili da capire.

Ecco perché il numero di studenti alle mie lezioni ha continuato a crescere. Sono stato contattato dalla banca Union Planters, oggi Regions Bank, una delle più grandi banche del paese, e ho lavorato per loro come agente commerciale finanziario in una delle loro filiali. Questo mi ha permesso di imparare molto e mi ha permesso di capire il valore di aiutare gli altri.

Giorno dopo giorno, ero incaricato di aprire le porte della banca, di aprire i caveau, di aprire conti personali e aziendali, completare contratti di credito per l'acquisto di immobili e molto altro. Mi piaceva in particolar modo chiudere i contratti di credito per acquisto immobili e volevo saperne di più, mi sono allora specializzato sui mutui e sono andato a lavorare con contratto a commissioni per una compagnia di mutui.

Tutti avevano da fare. C'era tanto lavoro e molte banche intenzionate a concedere prestiti. Un anno dopo ho iniziato la mia carriera nel campo dei mutui passando presto ad un finanziatore che in seguito è diventato uno dei primi cento nello stato della Florida. Sono riuscito ad aiutare centinaia di persone a costruirsi una casa, a rivedere contratti abbassando le rate e a trovare il denaro per estinguere debiti o reinvestire. Quando l'economia ha iniziato a rallentare i finanziamenti ho iniziato a concentrarmi sull'aiutare gli investitori diventando un consulente per gli investimenti. Ho preso l'abilitazione ed ho iniziato la mia carriera nel campo della consulenza sugli investimenti. Molti investitori avevano perduto fiducia nell'economia e non erano intenzionati a investire di nuovo, così ho deciso di aiutare gli altri educandoli. Mi auguro che questo libro raggiunga il maggior numero possibile di persone e che possa aiutare a ridisegnare un futuro nuovo per molti che che si sentono abbandonati a loro stessi senza alcuna soluzione.

INDICE

assicurazioni

Capitolo 8: Estinguere il mutuo utilizzando risparmi sulle tasse di proprietà

Capitolo 9: Estinguere il mutuo in 9 anni con 9 pagamenti aggiuntivi mensili utilizzando metodi di risparmio combinati

Capitolo 10: Estinguere il mutuo in poco più di 8 anni utilizzando metodi di risparmio combinati ed un reddito da affitti di 500 € al mese

Capitolo 11: Estinguere il mutuo in 7 anni e 7 mesi utilizzando metodi di risparmio combinati ed un reddito da affitti di 750 € al mese

Capitolo 12: Estinguere il vostro mutuo in 6 anni e 8 mesi utilizzando metodi di risparmio combinati ed un reddito da affitti di 1.200 € al mese

Capitolo 13: Mettiamo insieme il vostro progetto

Capitolo 14: Cose da evitare quando si stipula un mutuo

Capitolo 15: Invertire le tabelle finanziarie utilizzando a vostro favore l'interesse composto

Condividere la conoscenza

Glossario fondamentale

PREFAZIONE

In generale, avere un mutuo a 30 anni è meglio che avere un leasing, in quanto almeno quando sarà estinto possederete qualcosa. E' un inizio, ma l'obiettivo finale è quello di possedere una casa senza mutui o prestiti.

Estinguere al più presto il vostro mutuo avrà i seguenti effetti positivi sulla vostra vita:

-   vi permetterà di risparmiare denaro

-   ridurrà il vostro attuale stress di natura finanziaria

-   renderà più semplice la vostra vista e più facile da gestire

-   avrete più tempo libero per fare altre cose

-   potrete trascorrere più tempo con la vostra famiglia lavorando meno

-   libererete risorse economiche che potrete investire su altri progetti.

L'obiettivo di estinguere al più presto il vostro mutuo dovrebbe essere in cima alle vostre priorità proprio per i benefici che vi porterà. Imparate ad agire utilizzando gli strumenti migliori che saranno a vostra disposizione grazie alla lettura di questo libro, scoprite quali sono ed iniziate a realizzarli.

Ricordatevi sempre di annotare i vostri obiettivi e di averli ben presenti ogni giorno per farli diventare realtà. Questa è un'abitudine comune delle persone di grande successo e sono semplici da realizzare. Estinguere il vostro mutuo e tutti gli altri debiti dovrebbe essere il vostro focus principale in quanto ciò aprirà la vostra vita a nuove possibilità.

Che tipo di vita volete per voi e per la vostra famiglia?

Sostenere un debito ed avere la responsabilità di dover pagare ogni mese può essere molto difficile. Sapendo che il vostro lavoro è vitale in riferimento alla vostra capacità di effettuare pagamenti ogni mese è stressante e vi fa sentire costretti a lavorare, anziché a considerare il lavoro come un piacere per quello che fate. Per questa ragione, trovare una soluzione a questo problema è quello che cercheremo di fare nei prossimi capitoli.

Perché pagate il vostro mutuo?

Tutti pagano rate nella speranza di estinguere il debito un giorno e diventare proprietari della propria casa senza più vincoli, ma spesso ciò sembra una strada infinita.

All'inizio della vita del vostro mutuo trentennale, ad esempio, i vostri pagamenti mensili vanno a coprire principalmente gli interessi e solo una piccola parte il pagamento dell'immobile. Durante i primissimi anni noterete che l'ammontare del prestito non scende di molto.

Di chi è la vostra casa?

La casa vi appartiene ma tante volte vi sentirete come se siate voi ad appartenere al mutuo. Se vendete la vostra casa, la banca verrà pagata e voi riceverete quanto resta, ma se non vendete dovrete pianificare di estinguere il mutuo prima dei 30 anni previsti, per risparmiare sugli interessi.

Il potere della proprietà

Essere il proprietario della vostra casa vi farà sentire di avere le cose sotto controllo, vi farà sentire che siete sulla strada giusta verso un luminoso futuro finanziario. Ciò è meraviglioso ma sarà anche luminoso se imparerete a pianificare il vostro futuro. Pagare il mutuo per 30 anni non è un male, ma la vostra situazione potrebbe migliorare se riuscite a pagarlo prima, questo dovrebbe essere il vostro primo obiettivo nel vostro bilancio domestico.

Affitto o proprietà

Affittare una casa potrebbe essere una vostra scelta o talvolta ne sarete forzati perché non potete permettervi di acquistare una casa o perché non avete le caratteristiche per accedere ad un mutuo. In entrambi i casi è importante trovare una soluzione per questo problema perché prima deciderete di acquistare una casa e prima potrete pagarla, diminuendo sensibilmente le vostre spese domestiche. Se avete meno pagamenti potrete risparmiare più denaro e andare prima in pensione o investire in un'altra casa o nel vostro lavoro. Tante sono le cose che potrete fare quando avrete estinto il vostro mutuo.

Un mutuo trentennale è un grande impegno

Fare pagamenti per trent'anni è un grande impegno, per questo è sempre meglio sapere che opzioni avete per pagarlo più in fretta e ridurre il carico finanziario che può causare sul vostro stile di vita presente e futuro.

Assicurare il mutuo

L'assicurazione sul mutuo non verrà utilizzata negli esempi di questo libro perché è possibile eliminare l'assicurazione sul mutuo sia riducendo del 20% il pagamento sia ottenendo il 20% in capitale in fase di rifinanziamento oppure far pagare al mutuante l'assicurazione. La maggior parte delle banche vi consentirà una o più di queste opzioni. In ogni caso troverete sempre il modo di eliminare l'assicurazione sul mutuo dalle vostre rate.

CAPITOLO 1

Cosa significa pagare un mutuo per 30 anni

"Il debito è la schiavitù dell'uomo libero"

Publilius Syrus

Dovrei cominciare col dire che amo i numeri. I numeri sono precisi ed onesti. Dicono la verità su ciò che sta accadendo. Per questo motivo prenderemo in esame diverse opzioni delle quali alcune si applicheranno al vostro caso ed altre no, ma in ogni caso le informazioni sono preziose e miglioreranno la vostra vita finanziaria. Alla fine, il miglioramento della vostra vita finanziaria migliorerà in genere tutta la vostra vita, consentendovi di abbandonare lo stress e di avere più tempo per fare ciò che vi piace. Usate il glossario alla fine di questo libro, nel caso in cui alcuni termini non siano chiari, ma il tutto dovrebbe essere semplice da capire.

Nell'aprile del 2007, proprio quando l'intera economia stava andando molto veloce, noi tutti abbiamo imparato una grande lezione. L'immobiliare non è sempre in crescita e se acquistate nel momento sbagliato potreste farvi un'opinione negativa dell'operazione. Voglio dire, potreste comprare la vostra casa a 300.000 € e dopo anni ne potrebbe valere 200.000, in base agli andamenti del mercato e al luogo in cui vivete, ci sono aree infatti in cui il mercato immobiliare ha sbalzi consistenti. Ciò vi farà capire che l'immobiliare può essere un investimento speculativo e che pensare a quando si deve comprare potrà fare un'enorme differenza. L'immobiliare attraversa cicli, proprio come tutti gli altri mercati finanziari. Quando forte è la domanda di case e c'è poca offerta (troppi compratori e non abbastanza venditori) i prezzi salgono e quando c'è troppa offerta e non abbastanza domanda i prezzi scendono (troppi venditori e pochi compratori).

Cosa significa tutto ciò?

Bene, ciò vi dice che voi dovete concentrarvi su ciò che avete sotto controllo invece di preoccuparvi sul fatto di stare acquistando una casa durante il momento sbagliato di un ciclo immobiliare.

Su cosa avete il controllo?

Potete controllare le condizioni alle quali finanziare la vostra casa, basandovi sulle opzioni che sono disponibili al momento. Potete anche controllare quanto velocemente state estinguendo il vostro mutuo e quando entrerete pienamente in possesso della vostra casa. Non avere ipoteche sulla vostra casa vi darà una maggiore flessibilità e ridurrà lo sforzo finanziario di sostenere mensilmente le rate del mutuo.

Quindi, non potete controllare l'economia o il mercato immobiliare come gestite le vostre finanze.

Questo libro entrerà nel dettaglio sul come gestire al meglio il vostro capitale in modo da consentirvi di estinguere il mutuo più velocemente rispetto ai 30 anni proposti dalla banca alla maggior parte delle persone.

Ai fini di semplificare utilizzeremo certi numeri nel fare i nostri calcoli, anche se potrebbero non essere specifici per il vostro caso, vi daranno comunque un'idea su ciò che potete fare con ciò che avete. I decimali sono stati arrotondati per semplificate.

Informazioni standard che verranno ripetute

Per l'acquisto di una casa ipotizzeremo un prezzo di 300.000 €. Per rifinanziamenti ipotizzeremo il valore di 350.000 €. Per un mutuo trentennale ipotizzeremo un tasso di interesse del 4.5% e lo stesso per mutui a 15 anni.

Generalmente i tassi dei mutui a 15 anni sono più bassi di quelli dei mutui trentennali, ma per mantenere i numeri costanti, useremo per entrambi lo stesso tasso.

Cos'è un mutuo trentennale e perché le persone stipulano mutui di questa durata anziché mutui più brevi?

Un mutuo trentennale è una promessa che fatte alla banca sotto forma di una ipoteca posta sulla casa finché non sarà pagata o finché non la vendete.

La maggior parte delle persone stipula mutui trentennali perché offrono le rate mensili più basse il che per la maggior parte delle persone ha senso nel breve termine ma impareremo che ci sono modi migliori per pagare un mutuo.

Un mutuo trentennale appare così:

Comprate una casa per 300.000 €.

Ottenete un finanziamento del 95% che dovrebbe essere: 285.000 €

Ciò significa che avrete pagato un anticipo del 5%, ossia 15.000 €.

Le vostre rate mensili appariranno così con l'interesse al

4,5%:

Rate mensili per 30 anni: 1.444 €

Rate mensili per 15 anni: 2.964 €

Per semplicità non analizzeremo i mutui a tasso variabile, le cui rate variano dopo un periodo specifico 5, 7 o 10 anni.

Cosa vedete?

La rata trentennale è più bassa mentre quella decennale è più alta. La rata decennale è grosso modo due volte tanto rispetto a quella trentennale, ma il mutuo viene pagato in un terzo del tempo e questo è un beneficio da non trascurare.

Ora considerate gli interessi che verranno pagati negli anni per un mutuo trentennale, e su questo ci focalizziamo in questo capitolo. Ora guardiamo ad un programma di ammortamento trentennale che è essenzialmente quanto del vostro debito viene pagato ogni anno.

Le rate mensili totali sono di 1.444 € e il vostro debito

totale alla fine di ogni anno è approssimativamente:

Ipotizzando che iniziate ad effettuare i pagamenti nel mese di aprile.

Anno 1: 280.042 €

Anno 2: 275.593 €

Anno 3: 270.564 €

Anno 4: 265.303 €

Anno 5: 259.800 €

Anno 6: 254.045 €

Anno 7: 248.025 €

Anno 8: 241.729 €

Anno 9: 235.143 €

Anno 10: 228.255 € **(Dopo 10 anni il vostro mutuo dovrebbe essersi abbassato del 33% ma è sceso solo di circa il 20% questo vuol dire che la maggior parte delle vostre rate hanno pagato interessi e non l'immobile)**

Anno 11: 221.050 €

Anno 12: 213.515 €

Anno 13: 205.633 €

Anno 14: 197.389 €

Anno 15: 188.767 € **(Dopo 15 anni il vostro mutuo dovrebbe essersi abbassato del 50% ma è sceso solo di circa il 33% questo vuol dire che la maggior parte delle vostre rate hanno pagato interessi e non l'immobile)**

Anno 16: 179.748 €

Anno 17: 170.315 €

Anno 18: 160.449 €

Anno 30: 0 € **(Il mutuo è estinto)**

Il totale dei pagamenti fatto dopo 30 anni o 360 mesi sarebbe di 519.858 €

Il totale degli interessi pagati sarebbe 519.858 € – 285.000 € = 234.858 €!!!

Ho tralasciato gli anni 19-29 in quanto questo libro si concentra su come pagare il mutuo prima, non sugli ultimi anni e ciò può essere fatto grazie ad azioni intelligenti e ad una buona pianificazione.

Questo fa aprire gli occhi a molte persone che non si sono rese conto della situazione in cui si trovano. Se state progettando di vendere la vostra casa entro i primi 6 – 8 anni, questa informazione non è rilevante ma è ancora molto utile nel caso in cui abbiate un amico o un parente intenzionato a tenere la casa per un tempo più lungo.

Come vedete, dopo dieci anni avete ancora l'80% del mutuo e dopo 15 anni ancora il 66%. Questo è l'approccio passivo del pagare i mutui. Questo è il modo in cui la banca vi propone di pagare il vostro mutuo in modo da poter raccogliere 30 anni di interessi facendovi pagare la maggior parte degli interessi nei primi anni minimizzando il rischio. E' semplicemente una transazione commerciale e voi accettate queste condizioni perché vi permettono di comprare una casa che altrimenti non avreste potuto comprare. Si può avere però un approccio migliore e più veloce per pagare il mutuo, lo scoprirete nel prossimo capitolo.

Quanto interesse è stato pagato?

Pagando il vostro mutuo in 30 anni senza fare pagamenti aggiuntivi vorrà dire pagare **234.858 € di interessi, ossia il 45% delle vostre rate** ed il 55% per l'immobile. Cosa avreste potuto fare con 234.858 € avendoli a disposizione? E se fosse possibile imparare il modo per risparmiare una larga fetta di questo importo? La maggior parte delle persone non sanno che mosse prendere per ridurre l'interesse per pagare il loro mutuo, ma esistono opzioni migliori.

E' il momento di trovare le migliori soluzioni per pagare il vostro mutuo in modo più veloce!

PUNTI CHIAVE DA RICORDARE

1. Pagherete sempre più interessi con un mutuo trentennale che con uno a breve termine.
2. Le rate mensili sono quasi sempre più basse nei mutui a 30 anni, ma allo stesso tempo pagherete più interessi nei primi mesi.
3. Dopo 10 anni di pagamento rate su un mutuo da 30 anni avrete versato solo il 20% del debito.
4. dopo 15 anni di rate del mutuo su un mutuo trentennale avrete pagato soli il 33% del mutuo.

CAPITOLO 2

In che modo Jack e Samantha hanno estinto il loro mutuo in 15 anni

"Il debito è la peggiore povertà"

Thomas Fuller

Ricevo una chiamata da Susan, la mia referente per i prestiti: "Joe, abbiamo un cliente che vuole un mutuo a 15 anni".

"È fantastico. Fissiamo un appuntamento in modo che possiamo vederci di persona e valutare la situazione specifica." Ho risposto.

"Vogliono sapere quale tasso offriamo per un mutuo a tasso fisso per 15 anni". Risponde lei.

"Dì loro che non posso dare un tasso di interesse specifico finché non ho maggiori informazioni informazioni. Ho bisogno di sapere che acconto intendono versare, se è un acquisto o un rifinanziamento, qual'è la loro affidabilità creditizia, il loro reddito, ecc.

In questo modo possiamo essere precisi nelle informazioni che forniamo loro." ho risposto

Ecco come è iniziata la mattina, ma nel pomeriggio i signori si sono fermati nel mio ufficio ed hanno spiegato la loro situazione.

Come è andata?

Jack e Samantha hanno voluto mantenere basse le rate del loro mutuo, ma hanno anche voluto estinguerlo prima dei 30 anni e pagare meno interessi durante il periodo del prestito. Hanno deciso di stipulare un mutuo a 15 anni perché potevano ancora permettersi di pagare rate un po' più alte rispetto a quelle del mutuo a 30 anni.

Dopo 15 anni il mutuo di Jack e Samanta appariva così:

Hanno acquistato una casa per 300.000 €

Hanno ottenuto finanziamenti per 285.000 €, il che significa che hanno finanziato il 95% del valore della casa.

Hanno dato un acconto del 5%, quindi di 15.000 €

La loro rata mensile al 15° anno compresi gli interessi del 4,5% era di 2.180 €.

Adesso consideriamo l'interesse che viene pagato negli

anni per il mutuo a 15 anni, che è quello che Jack e Samantha volevano.

Ora andiamo a vedere il piano di ammortamento che è fondamentalmente quanto del debito ipotecario viene pagato ogni anno.

Le rate mensili sono di 2.180 € e il loro debito totale alla fine di ogni anno è approssimativamente questo:

Supponiamo che i pagamenti siano iniziati nel mese di aprile.

Anno 1: 271.384 €

Anno 2: 257.142 €

Anno 3: 242.246 €

Anno 4: 226.665 €

Anno 5: 210.369 €

Anno 6: 193.324 €

Anno 7: 175.496 €

Anno 8: 156.849 €

Anno 9: 137.346 €

Anno 10: 116.946 €

Anno 11: 95.610 €

Anno 12: 73.293 €

Anno 13: 49.951 €

Anno 14: 25.536 €

Anno 15: $ 0 € **(il mutuo è completamente estinto)**

I pagamenti totali di interessi dopo 15 anni o 180 mesi sono:

392.442 (pagamenti totali effettuati) - 285.000 € (importo del prestito) = **107.442 €.**

Il totale degli interessi pagati per un mutuo di 30 anni è di 234.859 € - 107.442 € (totale interessi pagati interamente dopo 15 anni). Pagando il loro mutuo in 15 anni anziché in 30 anni **hanno risparmiato 127.417 € in pagamenti di interessi per la durata del prestito.**

Che differenza effettuare pagamenti per 15 anni anziché per 30 anni!. Jack e Samantha hanno risparmiato interessi per tutta la durata del prestito e hanno finito di pagare il loro mutuo in metà tempo in modo da avere 15 anni di vita da godere con pagamenti mensili più bassi di chi ha stipulato un mutuo a 30 anni. Evviva!

Quanti interessi sono stati pagati in 15 anni?

Pagando il vostro mutuo in 15 anni avreste pagato 107.442 € di interessi, il che significa che solo il 27% dei vostri pagamenti è andato a coprire gli interessi e il 73% a coprire il pagamento dell'immobile. Esattamente la metà del tempo rispetto ad un mutuo di 30 anni vi porta a risparmiare 127.417 € in pagamenti di interessi.

Avere un mutuo a 15 anni significa che avrete rate mensili più alte, ma alla fine risparmierete molti più soldi che oggi potrete mettere da parte per il pensionamento.

Quanto avete risparmiato in interessi se comparate un mutuo a 30 anni con uno a 15 anni?

Estinguendo il mutuo in 30 anni avreste pagato **234.859 € in interessi, ossia un 45% per pagamenti di interessi** ed il 55% per l'immobile. Su un mutuo a 15 anni, avreste pagato solo il 27% per interessi e il 73% per il capitale.

45% - 27% = 18%

Con un mutuo a 30 anni paghereste il 18% di interessi in più rispetto ad un mutuo a 15 anni. Questo 18% equivale ai 127.417 € in più che avrete pagato accendendo un mutuo trentennale!

PUNTI CHIAVE DA RICORDARE

1. Anche se le rate mensili saranno più alte, estinguerete il debito nella metà degli anni con un mutuo a 15 anni rispetto che con quello a 30.

2. Risparmierete un ammontare sostanziale di interessi con un mutuo a 15 anni rispetto ad un mutuo a 30.

3. Nella maggior parte dei casi i tassi di interesse sono più bassi per i mutui a 15 anni, dunque risparmierete anche in questo senso.

4. Richiedere un mutuo a 15 anni è una operazione finanziaria intelligente se vi potete permettere i pagamenti.

CAPITOLO 3

In che modo Jill e Tom hanno estinto il loro mutuo in 13 anni e 5 mesi utilizzando pagamenti bisettimanali

"I creditori hanno una memoria più lunga rispetto ai debitori"

Benjamin Franklin

Una bella coppia è venuta nel mio ufficio un giorno chiedendo informazioni su un mutuo. Hanno accennato al fatto che era loro intenzione pagare l'ipoteca prima del consueto periodo dei 30 anni, perché stanno lavorando sodo in modo da andare in pensione nei prossimi 30 anni e non volevano avere pagamenti ipotecari una volta smesso di lavorare.

Ho chiesto loro: "Avete mai sentito parlare di un mutuo a 15 anni?"

Tom mi ha risposto: "Sì, naturalmente".

"Se potete permettervi i pagamenti, questa sarebbe una

buona opzione da considerare, ma la scelta è la vostra una volta che vi ho illustrato le differenze nei pagamenti" ho risposto.

Jill mi ha chiesto: "C'è qualcos'altro che possiamo fare per ridurre il tempo necessario per pagare il prestito?"

"Sì, potete effettuare pagamenti aggiuntivi ogni anno o utilizzare un metodo di pagamento bisettimanale che vi permetterà di finire più velocemente di pagare il mutuo" ho risposto.

Jill chiese: "Come funziona?"

"Beh, fondamentalmente finite per fare 26 rate a metà ogni anno, che finiranno per essere 13 pagamenti mensili" ho risposto.

Jill e Tom: "Grande, questo è quello che vogliamo!"

Come è andata

Jill e Tom hanno deciso di stipulare un mutuo a 15 anni e hanno voluto pagare bisettimanalmente in modo che avrebbero finito per fare un pagamento supplementare alla fine di ogni anno. I pagamenti bisettimanali sono sostanzialmente pagamenti effettuati ogni due settimane anziché una volta al mese. Per le persone che ricevono lo stipendio ogni due settimane, questa è una soluzione perfetta. Si adatta bene anche alle persone che possono permettersi di effettuare pagamenti aggiuntivi.

Il mutuo a 15 anni di Jill e Tom appare così:

Hanno comprato una casa per 300.000 €.

Hanno ottenuto un finanziamento sotto forma di mutuo al 95%: 285.000 €

Ciò significa che hanno versato un acconto del 5%, ossia di 15.000 €.

Le loro rate mensili al tasso del 4,5% apparivano così:

i loro pagamenti mensili a 15 anni ammontavano a 2.180 €, ma hanno deciso di effettuare pagamenti bisettimanali in modo che le loro rate ogni due settimane risultassero di circa 1.090 €, il che equivale a 13 pagamenti mensili ogni anno.

Ora, consideriamo l'interesse che viene pagato nel corso dell'anno per un mutuo a 15 anni, come nel caso di Jill e Tom.

Ora andiamo ad osservare il piano di ammortamento che è fondamentalmente quanto del debito ipotecario viene pagato ogni anno.

Sulla base di pagamenti ipotecari bisettimanali di 1.090 €, il loro debito totale alla fine di ogni anno è approssimativamente:

Supponendo che i pagamenti siano iniziati nel mese di aprile.

Anno 1: 269.204 €

Anno 2: 252.682 €

Anno 3: 235.401 €

Anno 4: 217.326 €

Anno 5: 198.420 €

Anno 6: 178.647 €

Anno 7: 157.964 €

Anno 8: 136.332 €

Anno 9: 113.706 €

Anno 10: 90.041 €

Anno 11: 65.288 €

Anno 12: 39.398 €

Anno 13: 12.319 €

Anno 13 (con 5 pagamenti mensili più): 0 € **(il mutuo è estinto).**

Supponendo che non vi sia alcuna penalità di estinzione anticipata del mutuo.

Quanto interesse è stato pagato utilizzando i pagamenti bisettimanali?

Utilizzando i pagamenti bisettimanali su un mutuo a 15 anni si termina il pagamento dell'ipoteca in 13 anni e 5 mesi.

Avreste pagato 95.931 € di interessi, il che significa che solo il 25% dei vostri pagamenti è andato a coprire gli interessi mentre il 75% a coprire l'immobile.

Se scegliete di effettuare pagamenti bisettimanali finirete per pagare il 2% in più di interessi sull'intera vita del prestito.

Quanto risparmiereste di interessi facendo pagamenti bisettimanali su un mutuo a 15 anni piuttosto che su uno a 30?

Estinguendo il mutuo in 30 anni senza effettuare pagamenti bisettimanali, avreste pagato **234.859 € di interessi, il che significa che il 45%** dei pagamenti è andato a coprire gli interessi e il 55% l'immobile.

Si tratta del 20% in più rispetto ad un mutuo a 15 anni con i pagamenti ipotecari bisettimanali.

45% - 25% = 20% in più di interessi pagati alla fine della durata del prestito nel caso di un mutuo a 30 anni senza effettuare pagamenti bisettimanali.

PUNTI CHIAVE DA RICORDARE

1. I pagamenti bisettimanali comportano che si effettuino due pagamenti di mezza rata ogni due settimane.

2. Effettuare pagamenti ipotecari bisettimanali comporterà un pagamento ipotecario supplementare alla fine dell'anno.

3. Se avete un mutuo a 15 anni e fate pagamenti bisettimanali dovreste finire di rimborsare l'ipoteca in circa 13 anni e 5 mesi.

4. I pagamenti principali sono pagamenti che vanno verso l'abbassamento del debito ipotecario totale o del saldo totale del prestito. L'interesse è il costo del denaro che la banca vi ha prestato per l'acquisto della casa.

CAPITOLO 4

In che modo Anthony e Joan hanno estinto il loro mutuo in 13 anni effettuando un pagamento addizionale di 3.000 €

"Un uomo indebitato è un uomo incatenato."

James Lendall Basford

Anthony e Joan erano entrambi agenti immobiliari ed una coppia felice, ma non riuscivano mai ad essere d'accordo su ciò che era più importante per loro. Joan ha chiesto di ottenere un mutuo a 15 anni mentre Anthony voleva un mutuo fisso a 30 anni. Anthony voleva mantenere le rate il più basse possibile a causa del loro reddito variabile, che non era mai un importo consistente in quanto si basava sulle commissioni. Anthony sosteneva che avrebbe preferito fare pagamenti aggiuntivi ogni anno ed avere una rata mensile bassa. Joan era d'accordo sul fare pagamenti supplementari, ma non voleva pagare gli interessi sull'ipoteca per 30 anni. Dopo aver preso in considerazione la quantità di interessi che avrebbero finito per pagare su un mutuo a 30 anni, Anthony decise che l'ipoteca a 15 anni era l'opzione migliore e la discussione finì.

Come è andata

Il mutuo a 15 anni di Anthony e Joan appariva così:

Hanno acquistato una casa per 300.000 €.

Hanno ottenuto un finanziamento sotto forma di ipoteca del 95%: 285.000 €.

Ciò significa che hanno versato un acconto del 5%, pari a 15.000 €.

Le loro rate mensili a 15 anni, ad un tasso del 4,5% erano di 2.180 €, ma hanno deciso di fare un pagamento in più di 3.000 € ogni anno per pagare prima la loro ipoteca.

Calcolate il vostro piano di ammortamento

Prendiamo in considerazione l'interesse che viene pagato per ogni anno su un mutuo a 15 anni, dato che i pagamenti annui aggiuntivi possono avere un effetto molto positivo quando si paga il debito.

Ora andiamo ad osservare il piano di ammortamento per questo prestito che è essenzialmente quanto del loro debito ipotecario è stato pagato ogni anno.

Con il loro pagamento annuo aggiuntivo di 3.000 €, il loro

debito ipotecario totale alla fine di ogni anno è approssimativamente questo:

Supponendo i pagamenti siano iniziati nel mese di aprile.

Anno 1: 268.384 €

Anno 2: 251.004 €

Anno 3: 232.826 €

Anno 4: 213.813 €

Anno 5: 193.926 €

Anno 6: 173.126 €

Anno 7: 151.370 €

Anno 8: 128.615 €

Anno 9: 104.814 €

Anno 10: 79.920 €

Anno 11: 53.882 €

Anno 12: 26.649 €

Anno 13: 0 € **(Il mutuo è estinto completamente)**

Supponendo che non vi sia alcuna penalità per il pagamento anticipato del mutuo.

Quanti interessi sono stati pagati effettuando il pagamento aggiuntivo di 3000 €?

Pagando il mutuo in 13 anni avreste pagato 92.280 € di interessi. Ciò significa che il 24% dei pagamenti va a coprire gli interessi ed il 76% il prestito principale. Se aveste deciso di non effettuare un pagamento annuale aggiuntivo di 3.000 € sul prestito avreste pagato il 3% in più in interessi.

Su un mutuo a 15 anni si pagherà il 27% di interessi durante la durata del prestito.

27% - 24% = 3%

Questa riduzione nel pagamento degli interessi ha portato ad estinguere il debito in 13 anni anziché in 15.

Quanto avete risparmiato di interessi nel caso in cui non aveste fatto i pagamenti aggiuntivi e se aveste deciso per un mutuo a 30 anni anziché per uno a 15?

Pagando il mutuo in 30 anni senza effettuare pagamenti aggiuntivi avreste pagato **234.859 € di interessi, ciò significa che il 45% dei vostri pagamenti è andato a coprire gli interessi** e il 55% il prestito principale. Ricordate: i pagamenti principali sono pagamenti che portano all'abbassamento del debito ipotecario totale o del saldo totale del prestito.

Effettuando un pagamento annuale aggiuntivo di 3.000 € su un mutuo a 15 anni si risparmierebbe il 21% dei pagamenti di interessi durante la durata del prestito.

45% - 24% = 21% di risparmio.

PUNTI CHIAVE DA RICORDARE

1. Quando effettuate pagamenti aggiuntivi per abbassare il vostro debito riuscirete sempre ad estinguere prima il vostro mutuo.

2. Pagare prima il mutuo significa pagare meno interessi durante la durata del prestito.

3. Se avete un mutuo a 15 anni ed effettuate pagamenti aggiuntivi annuali di 3000 € finirete per estinguere il vostro mutuo in circa 13 anni.

CAPITOLO 5

In che modo Vanessa ed Adrian hanno estinto il loro mutuo in 12 anni effettuando un pagamento annuale aggiuntivo di 5000 €

"Non c'è nulla di più breve di un debito a breve termine."

Evan Esar

Vanessa ed Adrian erano due grandi spendaccioni che volevano cambiare la loro vita eliminando le loro cattive abitudini di spesa e comprarsi una casa. Adrian fumava due pacchetti di sigarette al giorno e Vanessa amava mangiare in ristoranti carini. Questo aveva influenze negative sulla loro salute e sulla loro vita sentimentale. Erano davvero animati da buone intenzioni, ma non sapevano come fare per cambiare. Era arrivato il momento di fare dei sacrifici. Adrian ha smesso di fumare e hanno smesso di mangiare fuori per risparmiare quanto basta per versare un anticipo per la loro casa. Nel corso di un anno sono riusciti a risparmiare abbastanza ed a trovare una casa vicino a quella dove vivevano in affitto. Vanessa e Adrian erano così orgogliosi di essersi impegnati per un obiettivo, hanno dunque deciso di fare il grande passo e di acquistarsi una casa con un mutuo a 15 anni e fare tutto il possibile per pagarlo in fretta. Hanno deciso di effettuare un pagamento aggiuntivo di 5.000 € ogni anno. Qualunque importo avrebbero risparmiato oltre tale cifra l'avrebbero utilizzato per regalarsi una notte in un hotel di lusso una piccola vacanza, in base all'importo risparmiato, oltre i 5000 €.

Vanessa e Adrian hanno tagliato tutte le spese inutili, concentrandosi sul risparmio energetico (bollette elettriche più basse), assunto un contabile per aiutarli a abbassare le loro tasse, hanno svuotato il loro garage per vendere tutte le cose che non usavano di più (è incredibile quanto si possa accumulare nel tempo). Hanno anche messo tutti gli spiccioli che avevano in giro ogni giorno in una grande bottiglia d'acqua che alla fine ha restituito circa 1.500 € in un anno. Con tutti questi risparmi hanno raccolto circa 6.000 € o più ogni anno. Il che significa che hanno superato il loro obiettivo di risparmiare 5.000 € e sono stati in grado di ricompensarsi con piacevoli vacanze e fantastici ristoranti con il denaro in più.

Come è andata per Vanessa ed Adrian

Il loro mutuo a 15 anni appariva così:

Hanno pagato 300.000 € per la loro nuova casa.

Hanno finanziato il 95% del valore della casa: 285.000 €.

Hanno versato un acconto del 5% pari a 15.000 €.

Le loro rate mensili, ad un tasso di interesse del 4,5% erano di 2.180 €.

Ora consideriamo l'interesse che viene pagato per ogni anno su un'ipoteca a 15 anni.

Con un calcolatore di ammortamenti, cercheremo di capire quanto il debito ipotecario sia sceso ogni anno. Con il pagamento annuo aggiuntivo di 5.000 €, l'importo totale del prestito alla fine di ogni anno è di circa:

Ipotizzando che i pagamenti siano iniziati nel mese di aprile.

Anno 1: 266.384 €

Anno 2: 246.912 €

Anno 3: 226.546 €

Anno 4: 205.244 €

Anno 5: 182.964 €

Anno 6: 159.660 €

Anno 7: 135.286 €

Anno 8: 109.792 €

Anno 9: 83.126 €

Anno 10: 55.236 €

Anno 11: 26.064 €

Anno 12: 0 € **(il mutuo è estinto completamente)**

Supponendo che non vi sia alcuna penalità per l'estinzione anticipata del mutuo.

Quanti interessi sono stati pagati al termine del prestito?

Estinguendo il vostro mutuo in 12 anni avreste pagato 84.506 € di interessi, il che significa che solo il 23% dei pagamenti è andato a coprire gli interesse ed il 77% verso il prestito principale. Facendo un pagamento aggiuntivo annuale di 5000 € si risparmia il 4% nel pagamento di interessi al termine del pagamento del mutuo

107.442 € – 84.506 € = 22.936 €

Avete risparmiato 22.936 € in pagamenti di interessi durante la durata del prestito che potrete utilizzare per incrementare i vostri risparmi, avviare un'attività commerciale o investire in qualcosa che vi avvantaggerà in futuro.

Quanto è stato risparmiato in interessi non scegliendo un mutuo a 30 anni?

Se ottenete un mutuo a 30 anni pagherete **234.859 € di interessi. Questo equivale al 45% dei vostri pagamenti a coprire gli interessi** ed il 55% a coprire il prestito principale.

Quando si ottiene un mutuo a 15 anni si finisce per pagare 107.442 € di interessi durante la durata del prestito. Quando si ha un mutuo a 15 anni e si effettuano pagamenti aggiuntivi annuali di 5.000 €, si pagheranno soltanto 84.506 € di interessi al termine della durata del prestito del prestito.

30 anni contro 15 anni

234.859 € − 107.442 € = **127.417 €** di interessi risparmiati in caso di mutuo a 15 anni piuttosto che di uno a 30 anni.

Quante cose potreste fare con 127.417 € in più?

30 anni contro 15 anni (con pagamenti aggiuntivi annuali di 5000 €)

234.859 € − 84.506 € = **150.353 €** di interessi risparmiati con un mutuo a 15 anni e pagamenti annuali aggiuntivi di 5000 €, anziché con un mutuo a 30 anni. Si tratta di un risparmio sugli interessi di circa il 22%

Quante cose potreste fare con 150.353 € in più?

PUNTI CHIAVE DA RICORDARE

1. Se effettuerete pagamenti aggiuntivi annuali di 5000 € estinguerete il vostro mutuo in 12 mesi se avete stipulato un mutuo a 15 anni.
2. Fare pagamenti annuali aggiuntivi non abbasserà le vostre rate né il tasso di interesse, ma vi consentirà di estinguere prima il debito.
3. Prendere l'abitudine di effettuare pagamenti aggiuntivi ogni anno è molto importante, in questo modo non dovete saltare di anno in anno e pagare il mutuo molto più tardi.
4. Non tutti possono pagare mutui a 15 anni ed avere allo stesso tempo disponibilità per effettuare pagamenti aggiuntivi, ma se troverete il modo di risparmiare su altre cose e dare priorità ad alcune spese troverete il modo per riuscirci.
5. Estinguere il mutuo in 12 anni significherà avere più anni a disposizione per risparmiare denaro per la pensione e maggior tempo a disposizione per fare ciò che vi piace.

CAPITOLO 6

Il metodo di Bill per estinguere il mutuo e tutti gli altri debiti in 10 anni e 6 pagamenti mensili aggiuntivi

"Il debito è bello soltanto dopo essere stato appianato."

Proverbio russo

Bill vive in una bella casa in fondo alla strada. Non è una casa straordinaria, ma è ben ubicata ed ha un bellissimo orto nel quale coltivare erbe e verdure. Bill ha trovato il modo per rifinanziare la propria casa e uscire dal suo debito. Ha capito che con una equity sufficiente sulla propria casa avrebbe potuto eliminare i pagamenti con carta di credito ed abbassare i suoi pagamenti mensili totali. **Per equity si intende: il valore stimato, con il debito totale con l'aggiunta della carta di credito o di un debito personale al debito ipotecario e tutti gli altri costi.** Rifinanziando la sua ipoteca e includendo tutti i debiti personali (incluse le carte di credito) nell'ipoteca, ha potuto eliminare pagamenti e risparmiare denaro. Se avesse estinto il suo mutuo avrebbe essenzialmente estinto anche i suoi debiti relativi alla carta di credito oppure se vendesse la sua casa al valore stimato o maggiore, i debiti di carta di credito risulterebbero estinti.

Come potreste fare voi

Estinguendo il vostro mutuo e tutti gli altri debiti in 10 anni con altri 6 pagamenti mensili aggiuntivi (nell'esempio supponiamo che Bill stia rifinanziando un mutuo a 15 anni) dovrete effettuare pagamenti aggiuntivi mensili o annuali a copertura del finanziamento principale utilizzando i risparmi sui pagamenti della carta di credito ed avrete soltanto il pagamento del mutuo.

Supponiamo che voi abbiate circa 30.000 € in carte di credito e che mensilmente paghiate 750 €, voi potrete scegliere di includere questo debito nel vostro mutuo (se avete abbastanza equity sulla vostra casa). In un certo senso state consolidando il debito ma ad un tasso di interesse più basso (in condizioni normali) e per un lasso di tempo più lungo, il che vi porterà a finire di pagare tutti i vostri debiti con un unico pagamento.

Utilizzando il denaro che risparmiate non avendo da effettuare i pagamenti della carta di credito ogni mese voi potrete effettuare mensilmente pagamenti aggiuntivi di 750 € a copertura del finanziamento principale. I 750 €

che altrimenti avreste pagato ogni mese per la carta di credito ora servono per abbassare il vostro debito ipotecario permettendovi di estinguere il vostro mutuo molto prima.

Il caso di Bill passo dopo passo

Se Bill avesse avuto un mutuo a 30 anni di 285.000 € e l'avesse rinegoziato per includere tutto il debito da carte di credito pari a 30.000 €, dopo due anni di apprezzamento sull'immobile ed un debito ipotecario totale di 275.592 € con un valore stimato di 350.000 € (in periodo non di recessione e dunque con un mercato immobiliare non in declino), avrebbe ottenuto un nuovo mutuo di circa 306.000 €, considerando che abbia rifinanziato il prestito senza costo e con un costo basso, soluzione che molte banche offrono.

In origine la rata del mutuo a 30 anni era di 1.444 € al mese e i pagamenti per le carte di credito 750 €, per un totale di 2.194 €.

Le rate totali di debito di Bill erano mutuo più carte di credito:

1.444 + 750 = 2.194

In caso avesse rinegoziato sempre a 40 anni la sua rata mensile sarebbe diventata di 1.550 €, con un risparmio mensile di 644 €!

2.194 € – 1.550 € = 644 €

Eccellente, ma comunque deve effettuare pagamenti per 30 anni.

Con il rifinanziamento ad un mutuo a 15 anni con un tasso di interesse del 4,5%, la nuova rata di Bill diventa di 2.341 €, un pagamento più elevato rispetto all'opzione a 30 anni, ma una decisione più intelligente a lungo termine.

Se confrontate quello che stava pagando in precedenza nei pagamenti con i crediti ipotecari (2.194 €) con quello che sta pagando ora 2.341 €), vedrete che c'è solo una differenza di 147 €, che non è un aumento significativo dal punto di vista dei pagamenti ma fa una grande differenza riguardo al risparmio di tempo.

Prendendo la decisione di applicare il risparmio sui pagamenti con carta di credito nel suo mutuo mensilmente (750 €) o ogni anno (9.000 €) avrebbe estinto il mutuo in circa 10 anni con 6 pagamenti mensili aggiuntivi.

Bill sapeva che il pagamento delle sue carte di credito avrebbe prolungato il suo debito molto di più in là nel tempo e che un rifinanziamento ad un tasso ragionevole alla fine gli avrebbe giovato. Aveva ragione. E' riuscito infatti ad estinguere mutuo e debiti delle carte di credito in 10 anni e 6 mesi.

Come applicare la tecnica di Bill alla vostra situazione

Questo è un ottimo modo per affrontare il pagamento del debito poiché potreste essenzialmente finire di rimborsare sia il mutuo che le carte di credito in pochi anni.

Considerate i tassi tipici delle carte di credito che vanno dal 12-24% ed il tasso ipotecario corrente del 4,5% (al momento della stesura di questo libro). È chiaro, tutto ciò è sensato dal punto di vista finanziario, quindi perché non metterlo in atto?

OPZIONE 1: ESTINGUERE MUTUO E DEBITI DA CARTA DI CREDITO IN 15 ANNI:

Ecco come potrebbe apparire il vostro mutuo rifinanziato a 15 anni:

Poniamo che abbiate acquistato una casa per 350.000 € e che ora, dopo alcuni anni, ne valga 382.500.

Ottenete un finanziamento dell'80% in base al valore, sulla base del valore stimato indicato sopra ossia di 382.500 €:

382.500 € x 80% = 306.000 €

oppure

306.000/382.500 = 80%

L'importo di 306.000 € includerà il mutuo, i debiti da carte di credito ed i costi di chiusura.

Avete incluso i vostri debiti da carte di credito per 30.000 €, ciò significa che ora avete soltanto il debito ipotecario.

Le vostre rate mensili al tasso del 4,5% ammontano ora a 2.341 €:

Ora vediamo come il vostro debito si ammortizzerà nel tempo utilizzando il risparmio delle carte di credito per abbassare il vostro debito totale (750 € x 12 = 9.000 €

totali che avete accantonato ogni anno in un conto bancario separato) per calcolare quanto tempo vi servirà per estinguere il mutuo. In maniera approssimativa si può vedere in questo modo:

Considerando che i pagamenti siano iniziati in aprile.

Osserviamo il piano di ammortamento per vedere quanto del vostro debito ipotecario viene pagato ogni anno.

Anno 1: 282.380 €

Anno 2: 257.676 €

Anno 3: 231.836 €

Anno 4: 204.809 €

Anno 5: 176.541 €

Anno 6: 146.974 €

Anno 7: 116.049 €

Anno 8: 83.703 €

Anno 9: 49.871 €

Anno 10: 14.485 €

Anno 10 (più 6 mesi di pagamenti): 0 € **(Il mutuo è estinto**

completamente)

Supponendo che non vi sia alcuna penalità per il pagamento anticipato del mutuo.

Quanto interesse è stato pagato?

Estinguendo il vostro mutuo in 10 anni con 6 pagamenti mensili aggiuntivi avrete pagato soltanto 79.589 € di interessi, quindi soltanto il 21% dei vostri pagamenti ha coperto gli interessi mentre il 79% è andato a coprire il finanziamento principale.

Quanto avete risparmiato di interessi in confronto con un mutuo a 15 anni senza pagamenti aggiuntivi?

Estinguendo il vostro mutuo in 15 anni **senza effettuare pagamenti aggiuntivi** avreste pagato 115.358 € di interessi e cioè il **27% dei vostri pagamenti a coperture degli interessi** ed il 73% a copertura del finanziamento principale.

Se aveste versato 9.000 € di pagamenti aggiuntivi sul finanziamento principale avreste risparmiato 35.769 € o il 6% di interessi durante tutta la durata del prestito.

OPZIONE 2: ESTINGUERE MUTUO E DEBITI DA CARTA DI CREDITO IN 30 ANNI:

Ecco come potrebbe apparire il vostro mutuo rifinanziato a 30 anni:

Poniamo che abbiate acquistato una casa 350.000 € e che ora valga 382.500 €.

Avete ottenuto un finanziamento dell'80% basato sul valore stimato di 381.500 € indicato qui sopra:

382.500 € x 80% = 306.000 €

oppure

306.000 €/382.500 € = 306.000 €

Avete incluso i debiti delle carte di credito per un importo di 30.000 €, il che significa che ora avete solo il debito ipotecario.

Le vostre rate mensili, al tasso del 4.5% sarebbero pari a 1.550 €.

Osserviamo ora come il vostro debito si ammortizza nel tempo se voi utilizzate i risparmi relativi alle carte di credito per abbassare ogni anno il debito totale (750 € x 12 = 9.000 € totali che voi avrete accantonato ogni mese un conto separato) per vedere quanto tempo sarà necessario per estinguere il vostro mutuo.

Ecco il piano approssimativo:

Supponiamo che i pagamenti siano iniziati nel mese di aprile.

Anno 1: 292.064 €

Anno 2: 277.487 €

Anno 3: 262.240 €

Anno 4: 246.294 €

Anno 5: 229.614 €

Anno 6: 212.169 €

Anno 7: 193.922 €

Anno 8: 174.836 €

Anno 9: 154.874 €

Anno 10: 133.995 €

Anno 11: 112.157 €

Anno 12: 89.315 €

Anno 13: 65.424 €

Anno 14: 40.436 €

Anno 15: 14.299 €

Anno 15 (più 9 mesi di pagamenti): 0 € **(il mutuo è completamente estinto).**

Quanti interessi sono stati pagati in 30 anni effettuando pagamenti aggiuntivi per 9.000 € ogni anno?

Estinguendo il vostro mutuo in 15 anni e 9 mesi avreste pagato solo 122.663 € di interessi, il che significa che solo il 29% dei vostri pagamenti è andato a coprire gli interessi ed il 71% il finanziamento principale.

Questo ha ridotto notevolmente l'ammontare degli interessi pagati durante il tempo necessario per estinguere l'ipoteca.

Quanto avete risparmiato in interessi rispetto ad un mutuo a 30 anni senza pagamenti aggiuntivi?

Estinguendo il mutuo in 30 anni senza effettuare pagamenti aggiuntivi avreste pagato 252.165 € di interessi, il che significa che il 45% dei vostri pagamenti è andato a coprire gli interessi e il 55% a coprire il finanziamento principale.

Con questa opzione avreste pagato 129.502 € in interessi pagati nel caso non abbiate versato i 9.000 € in pagamenti annuali per tutta la durata del prestito.

PUNTI CHIAVE DA RICORDARE

1. Estinguere debiti da carte di credito è importante per raggiungere i vostri obiettivi finanziari finali.

2. Se avete denaro sufficiente per pagare i debiti da carte di credito e vi rimangono risparmi, scegliete di eliminare subito questo debito.

3. Il rifinanziamento potrebbe incidere sul tasso che avete in questo momento, ma a lungo termine dovrebbe darvi beneficio se state pagando sia il mutuo che i debiti da carte di credito.

4. Avere solo il debito del mutuo anziché debito ipotecario e debito da carte di credito è sempre meglio.

5. Rifinanziare a 15 anni può essere molto sensato dal punto di vista finanziario se potete permettervi i pagamenti. Generalmente i tassi sono più bassi rispetto a quelli a 30 anni e questo permette di ridurre il numero di anni entro il quale il mutuo verrà estinto, ma per motivi di chiarezza ho mantenuto un tasso costante del 4,5% dato che i tassi sono destinati a fluttuare sempre nel tempo.

CAPITOLO 7

Estinguere il mutuo utilizzando risparmi sulle assicurazioni

"Se non cambiate direzione, potreste arrivare dove siete diretti."

Lao Tzu

Se possedete una casa dovete avere un'assicurazione sulla casa e se avete un mutuo, la banca o il finanziatore richiederanno che abbiate un'assicurazione sulla vostra casa. Per questo motivo, valutare diverse soluzioni in giro e sapere cosa chiedere farà tutta la differenza nel mondo. Un elemento importante dei pagamenti assicurativi è la franchigia. Chiedete alla banca quali sono le franchigie massime e quindi sentite il vostro agente di assicurazione per scoprire quale sarà il vostro premio assicurativo da pagare, considerate le franchigie richieste. In genere si risparmierà dai 500 ai 3.500 € in base al valore della casa, risparmio che potrete utilizzare annualmente per abbattere il debito ipotecario. Semplicemente, versate il denaro risparmiato in un conto corrente separato e, alla fine dell'anno, effettuate un pagamento supplementare per il vostro mutuo ed accorciare così i tempi di estinzione.

Supponiamo di aver risparmiato 1.500 € aumentando le franchigie e scegliendo in giro l'assicurazione che ci offre il pagamento inferiore.

Un altro modo per abbassare i pagamenti assicurativi è scoprire se il tuo agente di assicurazione sta utilizzando il valore stimato della vostra casa o il costo della ricostruzione della proprietà nel caso venisse distrutta, per determinare il vostro premio assicurativo. Non dovrebbe essere utilizzato il valore stimato poiché spesso questo può essere un valore molto più elevato e l'assicurazione vi costerà molto di più.

Tale importo può variare molto, perciò nell'esempio utilizzeremo il primo sconto che abbiamo citato che ha una più alta deducibilità e che può comportare una riduzione significativa nel pagamento per determinare il risparmio annuale che in questo caso è di 1.500 €.

Come potrebbe funzionare per voi

Per una casa del valore di 300.000 € ed un attuale debito ipotecario di 285.000 €, la vostra rata sarebbe di 2.180 € su un mutuo a 15 anni con un tasso di interesse del 4,5%.

Con un pagamento aggiuntivo annuale di 1500 € che avete risparmiato, il vostro debito potrebbe essere estinto in 14 anni.

Quanto vi sembra positivo? State estinguendo il vostro mutuo con un anno ed un mese di anticipo semplicemente perché avete fatto qualche telefonata in giro ed ottenuto un premio assicurativo più basso ed avete utilizzato questo risparmio per ripagare il mutuo in anticipo. Ora avrete 1 anno e 1 mese in più per godervi la vita senza rate di mutuo da pagare.

Osserviamo il piano di ammortamento per vedere come il debito ipotecario è stato pagato ogni anno.

Supponiamo che i pagamenti siano iniziati nel mese di aprile.

Anno 1: 269.884 €

Anno 2: 254.073 €

Anno 3: 237.536 €

Anno 4: 220.239 €

Anno 5: 202.148 €

Anno 6: 183.225 €

Anno 7: 163,433 €

Anno 8: 142.732 €

Anno 9: 121.080 €

Anno 10: 98.433 €

Anno 11: 74.746 €

Anno 12: 49.971 €

Anno 13: 24.057 €

Anno 14: 0 € **(il mutuo è estinto completamente)**

Supponendo che non vi sia alcuna penalità per il pagamento anticipato del mutuo.

Quanti interessi sono stati pagati?

Estinguendo il mutuo in 14 anni, avreste pagato solo 99.232 € di interessi, il che significa che solo il 26% dei vostri pagamenti è andato a coprire gli interessi ed il 74% il finanziamento principale.

Avete risparmiato un anno di pagamenti di interessi semplicemente facendo alcune chiamate per scoprire come ottenere i maggiori benefici. Ne vale la pena. Telefonate o andate a trovare il vostro agente assicurativo. Potrebbero esserci anche altre opportunità di risparmio a cui avete diritto.

Quanto avete risparmiato in interessi rispetto ad un mutuo a 30 anni, oppure ad un mutuo a 15 con pagamenti aggiuntivi sul finanziamento principale?

Se aveste un mutuo a 30 anni e lo pagaste alla fine dei 30 anni senza fare **ulteriori versamenti, avreste pagato 252.165 € di interessi per tutta la durata del prestito. Ciò significa che il 45% dei vostri pagamenti è andato a coprire gli interessi** ed il 55% a coprire il finanziamento principale.

Confrontiamo questi dati con un mutuo a 15 anni con 1.500 € di pagamenti aggiuntivi mensili.

252.165 € – 99.232 € = 152.933 €, tale è il risparmio di interessi se aveste stipulato un mutuo a 15 anni ed effettuato pagamenti aggiuntivi mensili di 1500 €.

PUNTI CHIAVE DA RICORDARE

1. Cercare la migliore formula assicurativa è molto importante. Ricordatevi di richiedere che tipo di sconti offrono, dato che questi si posso facilmente sommare e darvi la possibilità di risparmi sostanziali.

2. Chiedete all'assicuratore se unificare le assicurazioni sull'auto, sulla casa, sulla vita o altro possa aiutarvi a risparmiare.

3. Chiedete al vostra assicuratore una copia della polizza in modo da poter controllare se ci sono coperture non necessarie che potreste eliminare per risparmiare ulteriormente.

4. Avere un punteggio di credito più alto può voler dire avere minori pagamenti assicurati, controllate dunque di agire per migliorare il vostro credito estinguendo in tempo i vostri debiti.

5. Talvolta le compagnie assicurative offrono sconti se pagate i premi assicurativi in un'unica soluzione anziché con pagamenti mensili. Anche questo è un modo efficace per abbassare i vostri pagamenti.

CAPITOLO 8

Estinguere il vostro mutuo utilizzando risparmi sulle tasse di proprietà

"Cosa si può aggiungere alla felicità di un uomo che sia in salute, senza debiti e con la coscienza pulita?"

Adam Smith

Le imposte sulle proprietà sono determinate dagli organismi fiscali locali. Questi spesso concedono esenzioni fiscali di cui potreste beneficiare in determinate circostanze, come ad esempio esenzioni per famiglie, esenzioni per anziani, esenzioni per militari in congedo, ecc. Quando si paga in anticipo (in alcune giurisdizioni fiscali) è anche possibile ottenere ulteriori risparmi. Questi risparmi possono variare a seconda del valore della vostra casa e del tipo di esenzione a cui avete diritto e sono dei modi per abbassare le tasse sulle proprietà.

Un altro modo per abbassare le tasse di proprietà è quello di contestare il valore fiscale stimato attraverso un processo di appello specifico per la vostra zona (se credete che il valore stimato sia errato). È sempre meglio consultarsi con un avvocato immobiliare specializzato in questo tipo di cause, vi possono far risparmiare una notevole quantità di tasse e spesso anche farvi ottenere una percentuale su quanto è stato risparmiato .

Un terzo modo per abbassare le imposte di proprietà è quello rettificare le tasse sulle proprietà nel caso in cui il vostro organismo fiscale abbia informazioni sbagliate riguardanti la vostra casa, ad esempio: metrature, misurazioni del terreno, tipologia di proprietà ecc.

Ad esempio, supponiamo di aver risparmiato 2.000 € contestando il valore fiscale stimato della vostra casa applicando un'esenzione specifica in riferimento alla vostra particolare situazione. Questo importo può essere più o meno alto in base al valore della vostra casa, ma utilizzeremo per l'esempio l'importo di 2.000 €.

In che modo possono esservi utili questi risparmi

Per una casa stimata 300.000 € ed un mutuo di 285.000 € la vostra rata mensile sarebbe di 2.180 € con un mutuo a 15 anni ed un tasso di interesse del 4,5%.

Se utilizzaste i 2.000 € risparmiati sulle tasse di proprietà come pagamento addizionale per il vostro mutuo, il vostro debito ipotecario verrebbe estinto in 13 anni e 7 mesi.

Consideriamo ora in che modo ciò vi porterà beneficio. State estinguendo il vostro mutuo 1 anno e 5 mesi prima semplicemente perché avete effettuato alcune ricerche e fatto alcune chiamate e alla fine avete utilizzato i risparmi per il mutuo.

Utilizzando un calcolatore per il piano di ammortamento possiamo renderci conto di quanto del vostro mutuo è stato pagato ogni anno.

Supponiamo che I pagamenti siano iniziati nel mese di aprile.

Anno 1: 269.384 €

Anno 2: 253.050 €

Anno 3: 235.966 €

Anno 4: 218.097 €

Anno 5: 199.407 €

Anno 6: 179.859 €

Anno 7: 159.412 €

Anno 8: 138.026 €

Anno 9: 115.658 €

Anno 10: 92.262 €

Anno 11: 67.791 €

Anno 12: 42.197 €

Anno 13: 15.426 €

Anno 13 (più 7 mesi di pagamenti): 0 €

(Il mutuo è estinto completamente)

Supponendo che non vi sia alcuna penalità per il pagamento anticipato del mutuo.

Quanti interessi sono stati pagati?

Effettuando un pagamento annuale in più di 2.000 € su un mutuo a 15 anni sareste riusciti ad estinguere il vostro mutuo in 13 anni e 7 mesi. Ciò significa che avreste pagato soltanto 96.780 € di interessi durante tutta la durata del prestito. Soltanto il 25% dei vostri pagamenti sono andati a coprire gli interessi.

Quanto avete risparmiato di interessi effettuando pagamenti annuali aggiuntivi di 2.000 € su un mutuo a 15 anni rispetto ad un mutuo a 30 anni?

Estinguendo il vostro mutuo in 30 anni avreste pagato **252.165 € di interessi. Dato che ne avete pagati soltanto 96.780 con il vostro mutuo a 15 anni, avete risparmiato 155.385 €.**

Nel caso di un mutuo a 30 anni, il 45% dei vostri pagamenti vanno a coprire gli interessi mentre su un mutuo a 15 anni solo il 25% copre gli interessi facendovi risparmiare il 20% lungo tutta la durata del prestito. Ottimo lavoro!

Quante cose potreste fare con i 155.385 € di interessi risparmiati.

Chiamate il vostro avvocato immobiliare e vedete quanto potete risparmiare sulle tasse di proprietà.

PUNTI CHIAVE DA RICORDARE

1. Controllate sempre i siti internet che riportano le normative fiscali della vostra regione e vedete quali sono le esenzioni disponibili.

2. Pagare per intero le tasse di proprietà prima della scadenza generalmente vi può far ottenere sconti maggiori se non avete diritto ad esenzioni.

3. Chiamate un avvocato immobiliare specializzato sulle tasse di proprietà, vi potrebbe dare dei consigli facendovi risparmiare tempo nel caso voleste intraprendere questa via.

4. Chiamate l'ufficio fiscale della vostra zona per scoprire di quali esenzioni avete diritto.

CAPITOLO 9

Estinguere il mutuo in 9 anni con 9 pagamenti aggiuntivi mensili utilizzando metodi di risparmio combinati

"Il debito è un vostro amico in tempi di abbondanza, un vostro nemico in tempi di carestia."

Anonimo

Dopo aver letto i capitoli precedenti, ora sapete che esistono grandi opportunità per la creazione di un piano di risparmio ipotecario. Queste opzioni vi consentiranno di estinguere il vostro mutuo in un tempo più breve rispetto a quello proposto dalla banca. Pagare un mutuo per 30 anno dovrebbe essere l'ultima cosa che fate, se avete altre alternative. Programmate di pagare meno nei debiti e di risparmiare di più per il futuro. Il vostro più grande debito è il vostro mutuo. Stipulare un mutuo a 15 anni anziché uno a 30 vi permetterà di estinguere il debito molto prima.

Esaminiamo ora tutte le parti della vostra situazione finanziaria da cui potreste trarre beneficio e preparare il possibile scenario di ciò che potreste fare:

Metodi di risparmio combinati

Supponendo che il nuovo importo del vostro prestito ipotecario dopo il rifinanziamento e compreso tutti i debiti della carta di credito sia di 306.000 € e che avete un mutuo a 15 anni con un tasso di interesse del 4,5%.

Le vostre rate bisettimanali sarebbero di 1.170 €.

Risparmio fiscale: 2.000 €

Risparmio assicurativo: 1.500 €

Pagamenti annui e risparmio: 5.000 €

Carta di credito: 750 €

Risparmi dovuti ai pagamenti bisettimanali e conseguenti pagamenti annui aggiuntivi: 2.341 € (arrotondati)

Totale risparmi che saranno aggiunti sotto forma di pagamento annuale: 9.250 €

Includendo il risparmio dei pagamenti bisettimanali di 2.341 euro, il totale dei pagamenti annuali a coprire il finanziamento principale sarebbe di 11.591 €.

In che modo potete applicare questo al vostro caso

Con un pagamento supplementare di 11.591 € (compreso il risparmio totale e il rendimento annuo dai pagamenti bisettimanali) che avete risparmiato, il debito ipotecario si estinguerebbe in 9 anni e 9 mesi.

Questo è un colpo grosso. Sarete molto orgogliosi di essere al primo posto nella classifica dei proprietari di casa che finiscono di pagare il loro mutuo prima degli altri. State pagando il mutuo 20 anni e 3 mesi prima semplicemente perché avete trovato il modo per risparmiare e ridurre le spese e poi applicare quei risparmi all'abbattimento del vostro mutuo.

Osserviamo il piano di ammortamento per vedere quanto del debito è stato pagato ogni anno.

Supponiamo che i pagamenti siano iniziati nel mese di aprile.

Anno 1: 279.789 €

Anno 2: 252.375 €

Anno 3: 223.700 €

Anno 4: 193.709 €

Anno 5: 162.340 €

Anno 6: 129.529 €

Anno 7: 95.212 €

Anno 8: 59.317 €

Anno 9: 21.774 €

Anno 9 (più 9 mesi di pagamenti): 0 € (**il mutuo è completamente estinto.**)

Supponendo che non vi sia alcuna penalità per il pagamento anticipato del mutuo.

Quanti interessi sono stati pagati utilizzando metodi di risparmio combinati?

Estinguendo il mutuo in 9 anni e 9 pagamenti mensili addizionali paghereste soltanto 73.340 € di interessi, il che significa che soltanto il 19% dei vostri pagamenti è andato a coprire gli interessi mentre l'81% il finanziamento principale. Sono risparmi sostanziali se li confrontiamo con la semplice estinzione del mutuo in 30 anni o anche in 15 anni senza pagamenti addizionali.

Quanto denaro in pagamenti di interesse avete risparmiato in confronto con un mutuo a 15 anni ed un mutuo a 30 anni?

Estinguendo il mutuo in 30 anni e senza pagamenti aggiuntivi, avreste pagato 252.165 € di interessi rispetto ai 73.340 € che paghereste usando il metodo di risparmio combinato. Ciò significherebbe risparmiare 178.825 € in pagamenti di interessi durante la durata del prestito. E' una differenza enorme per chi sta pagando un mutuo. Su un mutuo a 30 anni, il 45% dei vostri pagamenti andrebbe a coprire gli interessi mentre con il metodo di risparmio combinato solo il 19% dei pagamenti andrà a coprire gli interessi. Questo significa un risparmio del 26% .

252.165 € - 73.340 € = 178.825 € in risparmi di interesse.

PUNTI CHIAVE DA RICORDARE

1. Per ottenere il massimo risparmio sugli interessi dovrete combinare I metodi di risparmio.
2. Risparmiare e dare priorità alle spese vi faranno avere un solido futuro finanziario
3. Non preoccupatevi se non potete mettere in pratica tutti i risparmi di cui si è parlato. Semplicemente, fate del vostro meglio per risparmiare quanto possibile e dedicate questi risparmi al vostro mutuo.

CAPITOLO 10

Estinguere il mutuo in poco più di 8 anni utilizzando metodi di risparmio combinati ed un reddito da affitti di 500 € al mese

"Siate certi che dà più dolore alla mente l'essere in debito che rinunciare a qualsiasi cosa che potrebbe sembrarvi indispensabile."

Thomas Jefferson

Una grande alternativa per aumentare la quantità di denaro che potete impiegare nei pagamenti ipotecari è quella di affittare dello spazio nella vostra casa. Se avete una guest house, una stanza extra, una pertinenza o qualsiasi altro spazio legittimo nella vostra casa, potete affittare lo spazio e guadagnare denaro extra.

A seconda della zona in cui vivete e che tipo di affitto potete avviare, potreste portare a casa una buona quantità di denaro che, se utilizzato per pagare il mutuo contribuirà notevolmente ad abbassare il debito ipotecario. Potete utilizzare il reddito derivante dall'affitto per pagare il mutuo su base mensile o annuale. Oltre l'anno si cominciano a vedere gli effetti positivi che questo può avere per abbattere quello che dovete alla banca. Una volta finita di pagare la vostra ipoteca, potrete decidere se smettere di affittare lo spazio nella vostra casa o se continuare a ricevere questi pagamenti extra. Gli studenti universitari sono degli ottimi affittuari perché spesso devono trascorrere la maggior parte della loro giornata a scuola e poi hanno bisogno di studiare il resto del tempo. Basta assicurarsi di porre limiti su chi possono portare a casa vostra, perché potrebbero essere responsabili, ma i loro amici potrebbero non esserlo.

Con i nuovi siti web e le applicazioni per cellulari che sono uscite in questi ultimi anni, trovare affittuari a breve e lungo termine non è mai stato così facile. Alcuni esempi di questi siti web sono: Airbnb, tripping.com, flipkey, homeaway, vrbo, housetrip, ecc. Non sono le uniche fonti online per trovare affittuari e sono solo esempi di dove è possibile offrire spazio in affitto in modo rapido e conveniente.

Come potrebbe andare per voi

Utilizzando i risparmi come descritto nell'ultimo capitolo e aggiungendo un reddito da locazione abbiamo questo scenario di pagamento ipotecario:

Reddito mensile di affitto: 500 €

Risparmio fiscale: 2.000 €

Risparmio assicurativo: 1.500 €

Ulteriori pagamenti annuali derivanti da tagli e risparmi: 5.000 €

Carta di credito: 750 €

Risparmi derivanti dai pagamenti bisettimanali con conseguenti pagamenti annui aggiuntivi di: 2.341 € (arrotondati)

Totale risparmi che saranno aggiunti sotto forma di pagamento annuale: 9.250 €

Includendo il risparmio annuale derivante dai pagamenti bisettimanali di 2.341 €, i pagamenti principali annuali aggiuntivi sarebbero: 11.591 € più 6.000 € per un totale di 17.591 € (ricordate di avere 500 € al mese dai redditi da locazione che possono essere aggiunti su base mensile o annuale. Meglio su base mensile, in modo a poter resistere alla tentazione di spendere quel denaro per altre cose.)

Potrebbe sembrare un grande importo ma se lo dividete in parti mensili sarebbe solo di 1.466 € che andrebbero a coprire il vostro mutuo, importo proveniente prevalentemente da tagli di costi e reddito da affitto.

Il vostro mutuo risulterebbe in pratica così:

Voi avreste pagamenti bisettimanali di 1.171 € su un mutuo a 15 anni con un tasso di interesse al 4,5%

Il nuovo ammontare del vostro mutuo con il rifinanziamento ed includendo tutti i debiti da carta di credito sarebbe di 306.000 €.

Osserviamo il piano di ammortamento per vedere quanto del debito è stato pagato ogni anno.

Supponiamo che i pagamenti siano iniziati nel mese di aprile..

Anno 1: 273.664 €

Anno 2: 239.843 €

Anno 3: 204.467 €

Anno 4: 167.467 €

Anno 5: 128.767 €

Anno 6: 88.289 €

Anno 7: 45.951 €

Anno 8: 1.669 € (1 pagamento da 1.669 €)

Anno 8: 0 €

(Il mutuo è estinto completamente)

Supponendo che non ci sia penalità per l'estinzione anticipata del mutuo.

Quanto interesse è stato pagato utilizzando metodi di risparmio combinati ed il reddito da affitto di 500 € al mese?

Utilizzando il metodo combinato di risparmio e includendo un reddito da locazione aggiuntivo di 500 euro al mese, estinguereste il mutuo in 8 anni, con l'aggiunta di un pagamento di 1.669 €.

In totale, avreste pagato 61.128 € in interessi, il che significa che solo il 17% dei vostri pagamenti è andato a coprire gli interessi e l'83% a coprire il finanziamento principale.

Quanto denaro risparmiereste in interessi comparando un mutuo a 30 anni ed uno a 15 anni che utilizzi modalità di risparmio combinate ed un reddito da affitto di 500 €?

Se finiste di pagare il vostro mutuo in 30 anni, paghereste **252.165 € di interessi. Su un mutuo a 15 anni, utilizzando il metodo di risparmio combinato e un reddito da locazione di 500 €, paghereste 61.128 €. Potreste risparmiare 191.037 € di pagamenti di interessi!**

252.165 € - 61.128 € = 191.037€

PUNTI CHIAVE DA RICORDARE

1. Talvolta un piccolo importo derivante da un affitto può dare efficaci risultati per l'estinzione anticipata del mutuo.

2. 500 € di reddito la locazione possono portare a 6.000 € di pagamenti aggiuntivi per il vostro mutuo su base annuale.

3. Estinguere prima il vostro mutuo vorrà sempre dire risparmiare enormemente sugli interessi su base annuale.

4. Ricordatevi di utilizzare il reddito da locazione per il vostro mutuo, potreste essere tentati di spendere questi soldi in altro modo.

CAPITOLO 11

Estinguere il mutuo in 7 anni e 7 mesi utilizzando metodi di risparmio combinati ed un reddito da affitti di 750 € al mese

"Fate che ogni uomo, ogni organizzazione e specialmente ogni villaggio, paese e città, ogni regione ed ogni stato possano uscire dai debiti e rimanere fuori dai debiti. E' il debitore che è rovinato dai tempi difficili"

Rutherford B. Hayes

Chi l'avrebbe detto che sareste riusciti ad abbassare il debito in un tempo così breve. Bene, ora sapete come fare, ma potrà succedere davvero se saprete fare le mosse giuste. Raccogliere denaro dall'affitto di una stanza o di un altro spazio nella vostra casa è un'ottima maniera per raccogliere denaro extra da utilizzare per il vostro mutuo.

Facciamo un passo ulteriore

Se aumentate il vostro introito da affitto a 750 € ne trarrete un beneficio ancora più grande a lungo termine.

Quando affitterete una stanza o uno spazio della vostra casa, ricordatevi di alcune formalità basilari che non dovrebbero essere trascurate. Ad esempio se decidete di affittare ricordatevi di:

- Utilizzate sempre un contratto d'affitto.

- Richiedete sempre un mese di caparra a copertura di eventualità impreviste.

- Non dimenticatevi di controllare le referenze di tutti gli affittuari.

- Fornite un ambiente abitativo pulito e sicuro.

- Incassate l'assegno prima di permettere all'affittuario di stabilirsi nella vostra casa.

- Stabilite regole di condotta ed ogni cosa vi sembri importante prima far arrivare gli affittuari.

Queste sono solo alcune cose che potrebbe essere utile ricordare per evitare di trovarsi dei problemi lungo il percorso. Molti affittuari sono ottimi ma è sempre meglio tenere presente le formalità di cui si è parlato, giusto nel caso vi capiti qualcuno che non fa le cose per bene. Per consigli specifici e quando completate il contratto consultatevi con un esperto immobiliare che vi potrà dare tutte le informazioni di cui avete bisogno per prevenire futuri problemi.

Come potrebbe andare per voi?

Utilizzando i numeri dell'ultimo capitolo ed aggiungendo i 750 € di introito da affitto abbiamo:

Reddito da affitto: 750 €

Risparmi sulle tasse: 2.000 €

Risparmi sulle assicurazioni: 1.500 €

Pagamenti annuali addizionali derivanti da tagli di costi e risparmi: 5.000 €

Risparmi sulle carte di credito: 750 €

Risparmi da pagamenti bisettimanali risultanti in pagamenti annuali addizionali di 2.341 € (arrotondato)

Totale dei risparmi utilizzati in forma di pagamenti annuali: 9.250 €

Comprendendo il risparmio annuo da pagamenti bisettimanali pari a 2.341 €, i pagamenti annuali aggiuntivi sul finanziamento principale sarebbero: 11.591 € più 9.000 € per un totale di 20.591 € (Ricordate che avete 750 € al mese derivanti da introiti da locazione che possono versati su base mensile o annuale. I pagamenti mensili sono da preferire per evitare di spendere questi soldi in altro modo.)

Il totale sarebbe dunque di 20.591 €. Potrebbe sembrare un grande importo, ma se lo suddividiamo in importi mensili è di soli 1.716 €, derivanti per lo più da taglio di costi e da introiti da locazione.

Il vostro mutuo potrebbe apparire essenzialmente così:

Avreste pagamenti bisettimanali di 1.171 € su un mutuo a 15 anni con un tasso di interesse del 4,5%.

Il vostro nuovo mutuo a seguito del rifinanziamento ed includendo tutti i debiti da carta di credito sarebbe di 306.00 €.

Osserviamo il piano di ammortamento per vedere quanto del mutuo viene pagato ogni anno

Supponiamo che i pagamenti siano iniziati nel mese di aprile.

Anno 1: 270.601 €

Anno 2: 233.577 €

Anno 3: 194.851 €

Anno 4: 154.346 €

Anno 5: 111.981 €

Anno 6: 67.669 €

Anno 7: 21.321 €

Anno 7 (più sette pagamenti addizionali 6.14 €): 0 €

(Il mutuo è estinto completamente)

Considerando che non ci siano penali per il pagamento anticipato del mutuo.

Quanti interessi sono stati pagati?

Estinguendo il vostro mutuo in 7 anni con altri 7 pagamenti, paghereste solo 56.414 € di interesse.

Ciò significa che solo il 15% dei pagamenti è andato a coprire gli interessi mentre l'85% il finanziamento principale. Una differenza molto grande se la si confronta con un mutuo a 30 anni.

Quanto denaro avete risparmiato in interessi se confrontiamo il caso dei 500 € di introito da affitto?

Avere un introito per affitti di 750 € anziché di 500 € vi porta a risparmiare 4.237 € di interessi.

61.128 € – 56.414 € = 4.714 €

Anche se si tratta solo di una differenza del 2%, si riduce ancora la quantità di tempo necessario per pagare il mutuo.

Quanto denaro avreste risparmiato in interessi senza fare pagamenti addizionali annuali e nel caso aveste un mutuo a 30 anni anziché uno a 15?

I pagamenti di interessi complessivi durante la durata del prestito su un mutuo a 30 anni sono di 252.165 €. Se avete pagato solo 56.414 € in interessi su un mutuo a 15 anni utilizzando con il metodo di risparmio combinato ed un reddito da locazione pari 750 €, avreste risparmiato 195.751 €.

PUNTI CHIAVE DA RICORDARE

1. Non dovete affittare uno spazio nella vostra casa se la cosa non vi convince o se preferite avere una maggiore privacy.

2. Il fatto di avere un reddito da locazione di 750 € vi permetterà di avere 9.000 € di pagamenti addizionali, su base annuale, per abbassare il vostro mutuo.

3. Datevi come priorità quella di pagare il mutuo per sfruttare al massimo il reddito da affitto che riceverete ogni mese.

4. Quando deciderete di acquistare la casa assicuratevi che abbia almeno due camere da letto o comunque dello spazio in più nel caso vogliate affittare in futuro.

5. Se perderete il lavoro o inizierete ad avere problemi finanziari è sempre bene avere a disposizione delle stanze o dello spazio da dare in affitto.

CAPITOLO 12

Estinguere il mutuo in 6 anni e 8 mesi utilizzando metodi di risparmio combinati ed un introito da locazione di 1.200 € al mese

"Spendete solo dopo aver risparmiato."

Anonimo

I vantaggi di poter affittare uno spazio in casa sono molti, ma il vantaggio principale è la possibilità di effettuare pagamenti aggiuntivi per il vostro mutuo. Ciò vi consentirà di pagare il debito molto prima e di risparmiare in maniera sostanziale sui pagamenti di interessi. Quando i pagamenti di capitale aggiuntivi aumentano a 1.200 € o più al mese, vedrete che i risultati saranno molto più veloci. Applicando il metodo di risparmio combinato e un reddito da locazione di 1.200 € al mese, pagherete il vostro mutuo in modo accelerato. Questo creerà un effetto palla di neve che si accumulerà nel tempo. La chiave è trovare buoni affittuari che possono permettersi di effettuare questi pagamenti.

Durante la ricerca di affittuari è possibile utilizzare diversi metodi che vi aiuteranno a trovare le persone giuste in poco tempo.

Alcuni modi per trovare buoni affittuari che pagano bene sono:

- Porre avvisi nella vostra zona. E' il mio metodo preferito per le persone che sono interessate ad affittare e sono già vicino a voi.

- Zillow.com è un sito ideale per trovare affittuari di buona qualità.

- Craigslist.com è un altro sito che vi farà trovare molti potenziali affittuari, ma non sempre di alta qualità.

- Anche Trulia.com e rent.com sono buone opzioni online.

- Annunci sui giornali, un modo un po' antiquato ormai non più comunemente usato, ma è comunque una possibilità.

Per affitti a breve o a lungo termine potete anche utilizzare:

- Airbnb.com è diventato molto popolare e facile da

usare.

- Anche vrbo.com è un'altra fonte per trovare affittuari.

Se volete utilizzare un social media per trovare affittuari potete sempre mettere il vostro annuncio oppure semplicemente far sapere che state cercando di affittare:

- Facebook.com
- Twitter.com
- Instagram.com
- Youtube.com

Come può andare per voi?

Utilizzando i numeri del capitolo precedente ma aggiungendo un ulteriore importo del reddito da locazione di 1.200 € abbiamo:

Redditi da locazione: 1.200 €

Risparmio fiscale: 2.000 €

Risparmio assicurativo: 1.500 €

Ulteriori pagamenti annuali da taglio dei costi e risparmi: 5.000 €

Risparmi da carta di credito: 750 €

Riduzione da pagamenti bisettimanali con conseguenti pagamenti annui aggiuntivi di: 2.341 € (arrotondati)

Totale dei risparmi che saranno aggiunti in forma di pagamento annuale: 9.250 €

Includendo il risparmio annuo derivante dai pagamenti bisettimanali, pari a 2.341 €, i pagamenti principali annuali aggiuntivi sarebbero di: 11.591 € più 14.400 € (1.200 € al mese da redditi di locazione che possono essere impiegati su base mensile o annuale). I pagamenti mensili sono sempre preferibili per evitare di spendere questo denaro in altro modo). Il totale sarebbe dunque di 11.591 € + 14.400 € = 25.991 €.

In vostro mutuo apparirebbe essenzialmente così:

Se faceste pagamenti bisettimanali di 1.171 € su un mutuo a 15 anni con un tasso di interesse del 4,5%. Il nuovo importo del vostro prestito ipotecario dopo il rifinanziamento ed incluso tutti i debiti della carta di credito sarebbe di 306.000 €.

Osserviamo il piano di ammortamento per vedere quanto del vostro debito viene pagato ogni anno.

Considerando che i vostri pagamenti siano iniziati nel mese di aprile

Anno 1: 265.089 €

Anno 2: 222.298 €

Anno 3: 177.541 €

Anno 4: 130.728 €

Anno 5: 81.765 €

Anno 6: 30.552 €

Anno 6 (più 8 pagamenti addizionali): 0 €

(Il mutuo è estinto completamente)

Considerando che non ci siano penalità per il pagamento anticipato del mutuo.

Quanti interessi sono stati pagati?

Estinguendo il vostro mutuo in 6 anni e 8 pagamenti aggiuntivi avreste pagato soltanto 49.606 € di interessi il che significa solo il 14% dei vostri pagamenti è andato a coprire gli interessi mentre l'86% è andato al finanziamento principale.

Quanto denaro avete risparmiato in interessi rispetto all'esempio con 750 € in reddito da affitto?

Se avete un reddito da locazione di 750 €, pagherete 56.414 € di interessi mentre con un introito 1.200 € mensili paghereste solo 49.606 € di interessi. In tutto una differenza di 6.808 € durante la durata del prestito. Quindi potreste risparmiare **6.808** € con un reddito da locazione di 1.200 € anziché di 750 €.

Quanto denaro avete risparmiato in interessi rispetto ad avere soltanto un reddito da affitto da 500 €?

Con un reddito da locazione di 750 €, pagherete 56.414 € di interessi mentre con 1.200 € di entrate da affitto mensili pagherete soltanto 49.606 € di interessi. Una differenza di 6.808 € per tutta la durata del prestito. Quindi potreste risparmiare ben 6.808 € con un reddito da locazione di 1200 € anziché 750 €.

Con un reddito da locazione da 500 €, paghereste 61.128 € mentre con un reddito da 1.200 € paghereste soltanto

49.606 di interessi. Una differenza di **11.522 €** per tutta la durata del prestito. Potreste risparmiare 11.522 € di interessi con un reddito da locazione di 1.200 € anziché di 500 €.

Quanto denaro in pagamenti di interessi si risparmia con un mutuo a 15 anni, utilizzando sistemi combinati di risparmio ed un reddito da locazione di 1.200 € rispetto ad un mutuo a 30 anni?

Su un mutuo a 30 anni avreste pagato 252.165 € di interessi per la durata del prestito. Su un mutuo a 15 anni utilizzando il metodo di risparmio combinato e avendo un reddito da locazione di 1.200 €, si paghereste 49.606 €. **Potreste risparmiare 202.559 € in pagamenti di interessi per tutta la durata del prestito.**

252.165 € - 49.606 € = 202.559 €

PUNTI CHIAVE DA RICORDARE

1. Potete estinguere il vostro mutuo in 6 anni e 8 mesi utilizzando i numeri ed i metodi mostrati in questo esempio.

2. Avere 1.200 € di reddito da affitto vi porterebbe ad avere 14.000 € da utilizzare per abbassare il vostro mutuo che, se impiegati su base mensile vi consentirebbero di estinguere il debito in meno di 7 anni.

3. Non date ascolto a chi vi dice che non è possibile estinguere il vostro mutuo in meno di 7 anni perché i conti ci dimostrano che è possibile.

4. Altri l'hanno fatto, perché non voi?

CAPITOLO 13

Mettiamo insieme il vostro piano

"Se volete trovare prosperità, scappate dal debito"

Anonimo

Per estinguere il vostro mutuo in 6-8 anni stiamo per mettere insieme un piano specifico che deve essere seguito il più fedelmente possibile per poterlo realizzare. Se si salta un passo non ci si può aspettare di avere gli stessi risultati qui illustrati. Proviamo a fare il miracolo.

Passo 1:

Contattate una banca o un finanziatore che offrano un mutuo con un basso costo di estinzione. Assicuratevi che la rata sia ragionevole in modo che i pagamenti restino bassi. Dite che state cercando un mutuo a 15 anni e che volete sapere che cosa possono offrire sulla base del vostro acconto o equity (in caso di rifinanziamento) e il vostro punteggio di credito.

Passo 2:

Chiedete alla banca se offrono un programma di prestito con pagamenti bisettimanali e spiegate ciò che volete. Molte banche offrono questa opportunità che renderà possibile il nostro piano.

Passo 3:

Se state rinegoziando dite che volete estinguere tutti i debiti da carte di credito (magari inserite anche la vostra auto se sentite che i pagamenti sono alti o se semplicemente volete avere un pagamento in meno al mese). In questo modo la banca può verificare lo stato del vostro credito per calcolare quanto possedete e se avete le caratteristiche necessarie per estinguere i vostri debiti.

Passo 5:

Quando arriva il momento di pagare la prossima imposta dovrete contattare il vostro ufficio fiscale per scoprire a quale tipo di esenzioni avete diritto ed impiegare quindi i risparmi di nuovo nel vostro mutuo, sotto forma di pagamenti per il finanziamento principale. Inoltre, se credete che il valore stimato fiscale dato alla vostra casa sia sbagliato, contestate questo addebito con l'aiuto di un avvocato esperto nell'immobiliare. In genere gli avvocati immobiliari sono la scelta migliore e si faranno pagare a percentuale su quanto vi faranno risparmiare. Le parcelle degli avvocati variano in base alla zona e ad altri fattori, chiamate più di un avvocato in modo da ottenere la proposta migliore.

Passo 6:

Decidete se volete o potete affittare uno spazio nella vostra casa, come una stanza in più, una pertinenza, la stanza degli ospiti, ecc. Raccogliete questo reddito mensile che verrà utilizzato per effettuare ulteriori pagamenti di capitale. E' sufficiente che lo facciate finchè non finite di rimborsare il debito e dovrebbe essere molto presto se farete le cose bene. Ci sono molte aziende e siti web che consentono di offrire la vostra stanza o uno spazio in affitto decidendo i termini del contratto. Alcune di queste aziende sono: Airbnb, tripping.com, flipkey, homeaway, vrbo, housetrip, ecc. Questi sono solo esempi in che vi permetteranno di ricercare la soluzione migliore per voi. Ho visto anche persone convertire le loro taverne e garage rendendoli molto confortevoli per gli inquilini. Bisogna soltanto assicurarsi di fornire una zona soggiorno sicura.

Passo 7:

Se ciò non è ancora sufficiente, trovatevi un secondo lavoro o un lavoro part-time per incrementare il vostro reddito ad esempio fornendo assistenza, traduzioni, allenamenti sportivi, baby sitting, correzione bozze, raccolta di foglie, giardinaggio ecc. Queste sono solo alcune delle possibilità aggiuntive per far entrare denaro ed avere i risparmi sufficienti. Nel tempo vedrete che le vostre finanze cambieranno significativamente. Una volta che avrete iniziato vedrete che è possibile estinguere il vostro mutuo molto prima di quanto la banca vi aveva proposto consigliandovi un mutuo a 30 anni.

Passo 8:

Festeggiate appena avrete estinto il mutuo! Andate in vacanza o date una grande festa con i vostri amici e i vostri cari.

Passo 9:

Aiutate altri ad uscire dal debito mostrando loro come fare le stesse cose che avete fatto voi, se le cose da dire sono troppe, condividete questo libro in modo che i vostri amici possano portarlo a casa e controllare bene ogni cosa con calma. Condividete con altre persone ciò che avete imparato se pensate che possano trarne beneficio e se qualcuno non è convinto, ed è possibile, semplicemente condividete il libro e lasciate che capiscano da soli.

Se molte più persone nel mondo riuscissero ad uscire dai debiti accadrebbero molte cose positive:

- Le famiglie non avrebbero bisogno di ammazzarsi di lavoro ed avrebbero più tempo per stare insieme.

- Quando i genitori possono trascorrere più tempo con i loro figli possono rinforzare i valori e sviluppare importanti qualità che saranno utili alla società e le famiglie saranno più felici.

- La gente sarà meno stressata e vivrà in modo più sereno.

- Molta più gente potrà andare in vacanza ed iniziare nuove avventure che aiuteranno l'economia e le loro stesse vite.

- Molta più gente potrà risparmiare di più per la pensione che potrà arrivare più presto.

- Avere meno rate da pagare vorrà dire per molta gente avere più tempo libero e di conseguenza una maggiore libertà di fare ciò che piace.

CAPITOLO 14

Cose da evitare quando si stipula un mutuo

"Chi è in debito impara la lezione."

Anonimo

Ci sono cose che dovete ricordarvi di evitare quando state per stipulare un mutuo con una banca o con un finanziatore. Se siete già in una di queste situazioni, ci sono sempre modi per uscirne, ma è meglio che vi consultate con un professionista del settore. Molta gente impara la strada passando attraverso a tentativi ed errori, ma se seguite le regole sulle cose da non fare risparmierete tempo e molti mal di testa.

Non stipulate mai mutui con penalità di preammortamento

Le penalità di preammortamento sono importi di denaro che dovrete pagare se estinguerete l'ipoteca prima di un determinato periodo di tempo. Alcune banche impongono un periodo di prepagamento di 2-5 anni. Se il prestito ha questa penalità, la penale si tratta di solito circa il 3% dell'importo del prestito, il che è una bella cifra per chi deve pagare un mutuo. Assicuratevi di chiedere al finanziatore o al consulente bancario se il prestito ha una penalità di preammortamento e se ci sono mutui che non hanno questo tipo di penalità, per poter ripagare prima il vostro debito. Non stipulate mutui con penalità di preammortamento.

Mai ottenere un prestito ipotecario di soli interessi

Questo suggerimento riguarda solo gli investitori o le persone esperte nel settore finanziario. Se non siete uno di questi, non finirete mai di pagare il prestito e dovrete rifinanziare o vendere la vostra casa. Non volete certo effettuare pagamenti per sempre e scoprire che è ancora la stessa cifra di quando avete iniziato.

Non fate mai scegliere alla banca il giorno in cui pagate le vostre rate.

Dovreste sempre comunicare alla banca in quale giorno o giorni desiderate effettuare i vostri pagamenti ipotecari in modo che siano convenientemente coincidenti con le date in cui ricevete i vostri introiti e quindi avete il denaro disponibile per effettuare i pagamenti. Se effettuate pagamenti bisettimanali sarà necessario stabilire la data per entrambi i giorni nel mese. Questo vi aiuterà ad organizzarvi ed evitare di pagare in ritardo.

Non scegliete mai gli addebiti automatici sul conto corrente

Non scegliete mai l'addebito automatico sul conto corrente, poiché dovrete prendere l'abitudine di controllare ciò che state pagando ogni mese in modo da poter continuare ad aggiungere pagamenti al finanziamento principale e finire di pagare il mutuo. Con l'addebito automatico sul conto corrente:

1) non presterete molta attenzione a quanto sta andando a coprire il pagamento del debito.

2) vi dimenticherete di pianificare ulteriori pagamenti del capitale ipotecario.

3) perderete l'abitudine di cercare nuovi e migliori modi per risparmiare per aggiungere pagamenti ipotecari ed estinguere prima il mutuo.

Esiste un'eccezione a questo punto, e cioè che potete mantenere i pagamenti automatici dal vostro conto bancario se siete il tipo di persona che dimentica di pagare se la rata non viene automaticamente scalata, e in questo caso dovete assicurarvi che farete i pagamenti aggiuntivi in maniera organizzata. Alcune persone hanno un sacco di cose per la testa e potrebbero dimenticarsi di effettuare i pagamenti, quindi l'addebito automatico è un'opportunità, ma comunque è meglio evitarla in modo che possiate sempre essere aggiornati su quanto sta succedendo al vostro debito.

Non chiedete mai a qualcuno di garantire sul vostro mutuo, né garantite voi per altri.

Non chiedete mai a qualcuno di garantire sul mutuo, né garantite voi per altri, tranne che nel caso in cui queste persone vogliano aiutarvi ad effettuare i pagamenti e siano pienamente consapevoli della responsabilità che si stanno prendendo. In genere si tratta sempre di membri della propria famiglia il che significa che, se per qualsiasi ragione voi ritardate nei pagamenti o non riuscite ad effettuarli, loro avranno conseguenze negative. Se volete mantenere buoni rapporti con i membri della vostra famiglia non chiedete loro di essere garanti sul vostro prestito.

Esiste un'eccezione su questo punto ed è che voi considerate il garante per l'acquisto come un investitore ed un vostro partner nell'affare, entrambi investite denaro e avete concordato una percentuale di profitto per entrambi. Questo potrà prevenire futuri problemi, e naturalmente prendete questi accordi sempre per iscritto.

Mai rinegoziare il mutuo se i costi di rifinanziamento sono troppo alti.

L'incremento del debito non è il vostro fine ultimo e non ha senso aver lavorato sodo per abbattere il debito e poi ritrovarsi di nuovo allo stesso punto. La rinegoziazione ha senso se vi offre un beneficio, soprattutto se comporta un incremento del debito.

Non stipulate mai mutui a tasso variabile.

L'idea principale quando ottenete un mutuo è quella di sapere che farete lo stesso pagamento ogni mese con lo stesso tasso. Anche se il tasso è più basso, non fatevi influenzare scegliendo un mutuo a tasso variabile. Questo tipo di mutui sono fatti comunemente da investitori che progettano di vendere la casa molto prima di quando i loro tassi di interesse si sistemeranno.

Non stipulate mai mutui con maxi rata finale

Avere un mutuo con maxirata finale è un grosso rischio, considerando che le cose nella vita cambiano costantemente. Si tratta di un tipo di mutuo adatto solo agli investitori che sanno trarne beneficio. Se avete una maxi-rata finale vi si richiede di pagare interamente il debito dopo un determinato periodo di tempo ad esempio 3, 5 o 10 anni. Non tutti potranno avere a disposizione il denaro necessario dopo questo periodo. Molto meglio pagare il vostro mutuo quando è più conveniente anziché essere obbligati a pagare in una data specifica. Con questo tipo di mutui spesso vi verrà proposto un tasso di interessi più basso, ma non ne vale la pena.

CAPITOLO 15

Invertire le tabelle finanziarie usando l'interesse composto a vostro favore

"L'interesse composto è la più potente forza nell'universo"

Albert Einstein

Ora che avete estinto il vostro mutuo, facciamo un piccolo miracolo. A questo punto dovreste aver liberato i 2.180 € che servivano per pagare il debito, che succede ora? Su cosa dovreste investire? Dovete semplicemente accantonare i risparmi o acquistare una nuova casa? Voi dovrete trovare la risposta, ma vi mostrerò uno dei modi più efficaci e semplici di incrementare il vostro capitale, un modo che richiede soltanto un piccolo sforzo. Non sono un pianificatore finanziario, un contabile o un avvocato (tutte persone che dovreste consultare prima di mettere in pratica questa opzione). Quindi fate in modo di consultare questi esperti prima.

Prendiamo un semplice esempio per vedere come si può usare l'interesse composto.

Poniamo che comincerete con il depositare gli stessi 2.180 € con i quali pagavate il mutuo, su un conto corrente di risparmio con interessi. Dato che avete finito di pagare il mutuo 22 anni prima (se avevate originariamente un mutuo a 30 anni poi rinegoziato in un mutuo a 15 anni, con l'aggiunta dei risparmi derivati dai metodi di risparmio combinati, e con l'aggiunta di 500 € di reddito da locazione, come mostrato in uno dei capitoli precedenti), calcoleremo quanto risparmierete in questi anni in cui non avete più rate di mutuo da pagare.

2.180 € venivano impiegati per pagare il mutuo.

2.180 € ora andranno in un conto corrente di risparmio con interessi, che vi consentirà di usufruire di un interesse composto su base mensile (assicuratevi solo che la vostra banca pratichi l'interesse composto su base mensile). Ipotizziamo un interesse molto modesto, del 1%, anche se i tassi potrebbero essere più alti e variare nel corso dei 22 anni.

Come potrebbe funzionare per voi

Se farete versamenti mensili di 2.180 € su un conto di risparmio con interesse composto al 1%, su base mensile, vedrete i vostri risparmi crescere approssimativamente a:

Anno 1: 28.362 €

Anno 2: 54.805 €

Anno 3: 81.513 €

Anno 4: 108.489 €

Anno 5: 135.733 €

Anno 6: 163.250 €

Anno 7: 191.043 €

Anno 8: 219.114 €

Anno 9: 247.465 €

Anno 10: 276.100 €

Anno 11: 305.021 €

Anno 12: 334.231 €

Anno 13: 363.733 €

Anno 14: 393.530 €

Anno 15: 423.626 €

Anno 16: 454.022 €

Anno 17: 484.722 €

Anno 18: 515.729 €

Anno 19: 547.047 €

Anno 20: 578,677 €

Anno 21: 610.624 €

Che cosa eccezionale! In questo modo avrete creato un enorme capitale grazie ai risparmi e all'interesse composto.

Da un importo iniziale di 2.180 € sarete passati a 642.890 € in 22 anni.

E questi saranno i risultati

In 2 anni, la casa che avete pagato dovrebbe valere di più, ma ciò non è garantito. I risparmi composti che avrete creato con azioni costanti ed organizzate sono una base su cui potete contare. L'economia può salire o scendere ma i vostri risparmi possono crescere in maniera consistente se continuerete a fare versamenti ogni mese.

Non biasimate gli altri

Non dipendete da altri nelle decisioni di tipo finanziario, parlatene con il vostro coniuge ed organizzatevi di conseguenza. Risparmiare ed usare l'interesse composto in vostro favore dipenderà interamente da voi. Cambierà drasticamente il vostro futuro non appena inizierete.

Utilizzate entrambi i metodi per annullare i debiti e risparmiare con l'interesse composto

Utilizzando entrambi i metodi vi permetterà di: 1. estinguere il mutuo in 6-8 anni e 2. risparmiare in maniera consistente gli stessi importi per i rimanenti 22 anni ed arrivare al termine dei 30 anni, avrete una casa completamente pagata e parecchi risparmi sul conto per andare in pensione e vivere agiatamente, se riuscite a mantenere basse le vostre spese e a condurre uno stile di vita ragionevole. Vivere entro le proprie possibilità creerà stabilità finanziaria e serenità nel corso degli anni. Lasciate sempre da parte un po' di denaro per quelle cose che desiderate fare nella vita e per visitare quei luoghi che avete sempre desiderato vedere.

Utilizzare denaro guadagnato con fatica in investimenti ad alto rischio non vi darà risultati prevedibili per il vostro futuro e man mano che invecchierete li riterrete sempre più importanti per voi. Questo è solo un esempio di quanto potete fare in maniera relativamente sicura e consistente, ma la decisione finale spetta a voi.

Azioni che potreste intraprendere per incrementare quanto avete messo da parte in 22 anni:

1. Cercate il miglior tasso di interesse per i vostri risparmi.
2. Prendete in considerazione di parlare con il direttore di filiale che può avere il potere di concedervi un tasso d'interesse leggermente più alto.
3. Aumentate l'importo che potete depositare ogni mese affittando degli spazi nella vostra casa.
4. Aumentate l'importo dei versamenti che fate ogni mese risparmiando ad esempio su: bollette elettricità, polizze assicurative, estinguendo debiti per la macchina o i debiti da carta di credito ecc. e usate quanto risparmiato per depositi sul vostro conto corrente.
5. Passate a una vettura a gas, e versate i risparmi sul vostro conto corrente di risparmio.

CONSIDERIAMO INTROITI FUTURI DIVERSI BASATI SU CIÒ CHE FARETE CON I VOSTRI RISPARMI (ipotizzando un interesse composto su base mensile):

Se avete un guadagno del 2% sul conto di risparmio

Se avete un guadagno del 2% sul conto di risparmio (in media nel corso dei 22 anni) e depositate i 2.180 € che prima pagavate per il mutuo ogni mese per 22 anni accumulereste circa 722.197 €.

Se avete un guadagno del 3% sul conto di risparmio

Se avete un guadagno del 3% sul conto di risparmio (in media nel corso dei 22 anni) e depositate i 2.180 € che prima pagavate per il mutuo ogni mese per 22 anni accumulereste circa 813.750 €.

Se fate versamenti mensili di 2.200 € su un conto di risparmio sul quale guadagnate l'1%

Se avete un conto di risparmio con interesse all'1% (in media nel corso dei 22 anni) e versate 20 € in più rispetto ai 2.180 €, versereste 2.200 € ogni mese per 22 anni, in questo caso avreste 649.341 €.

Se fate versamenti mensili di 2.500 € su un conto di risparmio con interesse all'1%

Se avete un conto di risparmio con interesse al 1% (in media nel corso dei 22 anni) e versate 2.500 € ogni mese per 22 anni, accumulereste circa 737.888 €.

Se fate versamenti mensili di 3.000 € su un conto di risparmio con interesse all'1%

Se avete un conto di risparmio con interesse al 1% (in media nel corso dei 22 anni) e versate 3.000 € ogni mese per 22 anni, accumulereste circa 885.465 €.

Se fate versamenti mensili di 2.500 € su un conto di risparmio con interesse all'1%

Se avete un conto di risparmio con interesse al 1% (in media nel corso dei 22 anni) e versate 2.500 € ogni mese per 22 anni, accumulereste circa 737.888 €.

Se fate versamenti mensili di 3.000 € su un conto di risparmio con interesse all'1%

Se avete un conto di risparmio con interesse al 1% (in media nel corso dei 22 anni) e versate 3.000 € ogni mese per 22 anni, accumulereste circa 885.465 €.

Se fate versamenti mensili di 3.000 € su un conto di risparmio con interesse all'2%

Se avete un conto di risparmio con interesse al 2% (in media nel corso dei 22 anni) e versate 3.000 € ogni mese per 22 anni, accumulereste circa 993.850 €.

Se fate versamenti mensili di 3.000 € su un conto di risparmio con interesse all'3%

Se avete un conto di risparmio con interesse al 3% (in media nel corso dei 22 anni) e versate 3.000 € ogni mese per 22 anni, accumulereste circa 1.119.839.

CONDIVIDETE LE VOSTRE CONOSCENZE

Uno dei modi più utili per imparare quanto è scritto in questo libro è quello di comunicare ad altri come estinguere il mutuo in anticipo. Che cosa meravigliosa sarebbe se più persone uscissero dal debito, soprattutto se il debito è grande. I mutui sono generalmente i debiti più grandi ai quali molte persone vanno incontro durante tutta la loro vita.

Chi conoscete che è proprietario della propria casa?

La maggior parte delle persone che posseggono una casa hanno un mutuo e saranno molto interessati di apprendere in che modo possono estinguere il loro mutuo molto prima.

Conoscete almeno 5-10 persone con le quali potreste condividere le vostre conoscenze?

Chiamatele, e dite loro che avete informazioni importanti che possono portar loro beneficio e che probabilmente consentiranno loro di andare prima in pensione.

Ricordate loro però sempre di contattare il loro commercialista o pianificatore finanziario per eventuali domande o informazioni specifiche. Per motivi di educazione generale avranno comunque bisogno di quanto illustrato in questo libro, e voi potete aiutare persone che hanno bisogno. RICAMBIATE IL FAVORE.

Le informazioni sono importanti ma lo sono ancora di più se sono condivise con altre persone a cui interessano.

IMPARATE – APPLICATE - CONDIVIDETE

GLOSSARIO FONDAMENTALE

Mutuo a tasso fisso a 15 anni: si tratta di un prestito accordato da una banca o un finanziatore, il cui tasso di interesse rimane lo stesso per tutta la durata del mutuo, ossia 15 anni ed è utilizzato per finanziare l'acquisto di un immobile.

Mutuo a tasso fisso a 30 anni: si tratta di un prestito accordato da una banca o un finanziatore, il cui tasso di interesse rimane lo stesso per tutta la durata del mutuo, ossia 30 anni ed è utilizzato per finanziare l'acquisto di un immobile.

Ammortizzazione: è il termine usato per indicare la riduzione del prestito pagato sotto forma di pagamenti principali.

Piano di pagamenti bisettimanali: è un piano secondo il quale le rate di pagamento del mutuo vengono fatte una volta ogni due settimane anziché una volta al mese.

Interesse composto: è il termine usato per indicare l'aggiunta dell'interesse alla somma principale di un deposito bancario. Viene anche chiamato spesso "interesse sull'interesse".

Debito: la somma di denaro dovuta.

Anticipo di pagamento: l'importo che un acquirente paga per acquistare una casa in aggiunta ad i fondi che prende in prestito.

Costo finanziario: il costo del credito ai consumatori come somma di denaro.

Ipoteca di primo grado: è il termine per indicare lo strumento di garanzia con una posizione ipotecaria di primo grado.

Tasso di interesse: se riferito ad un prestito è l'importo richiesto dal finanziatore ed è espresso in percentuale sul capitale prestato.

Prestito: il denaro prestato che si intende da restituire con interessi.

Operatore del prestito: una persona che ha il compito di controllare o dare supporto relativamente ai doveri come un impiegato nella fase di elaborazione di un prestito ipotecario.

Rapporto mutuo concesso/valore immobile: è il rapporto tra l'importo del finanziamento principale non ancora pagato ed il valore stimato o valore di acquisto (il più basso tra i due) della proprietà.

Mutuo: è un prestito concesso da una banca o da un

finanziatore con lo scopo di finanziare l'acquisto di un immobile.

Funzionario di prestito ipotecario: una persona che prende la richiesta per la concessione di un mutuo.

Penale di preammortamento: una penale pagata a chi presta il denaro (spesso la banca) se chi ha preso il prestito estingue interamente il suo mutuo in un periodo inferiore a quello previsto originariamente al momento della stipula del mutuo.

Finanziamento principale: nel caso di un prestito è il finanziamento principale è l'ammontare dovuto.

Questo libro è dedicato a mio padre, per avermi motivato ad entrare nel mondo dei mutui.

www.ingramcontent.com/pod-product-compliance
Lightning Source LLC
Chambersburg PA
CBHW021105210326
41598CB00016B/1334